W0184219

Prärie- und Plains-Indianer

Peter R. Gerber • Georges Ammann

PRÄRIE- UND PLAINS-INDIANER

Zur Kultur, Geschichte und Gegenwartssituation

Materialien und Vorschläge für den Unterricht

Pestalozzianum Zürich
Völkerkundemuseum der Universität Zürich

Für Clarence und Barbara

Die Deutsche Bibliothek - CIP-Einheitsaufnahme

Prärie- und Plains-Indianer : Zur Kultur, Geschichte und Gegenwartssituation ; Materialien und Vorschläge für den Unterricht / Pestalozzianum Zürich ; Völkerkundemuseum der Universität Zürich. Peter R. Gerber ; Georges Ammann. [Ill.: Raphael Volery. Red.: Thomas Hermann]. - 2., neu bearb. und erw. Aufl. - Zürich : Pestalozzianum-Verl., 1997
1. Aufl. u.d.T: Gerber, Peter R.: Die Prärie- und Plains-Indianer
ISBN 3-907526-46-5

© 1987/1997 Pestalozzianum Verlag Zürich

2., neu bearbeitete und erweiterte Auflage 1997

Redaktion:	Thomas Herman, Pestalozzianum Verlag
Umschlagbild und Illustrationen:	Raphael Volery, Zürich
Gestaltung Umschlag:	Rolf Weber, Lenzburg
Gestaltung Inhalt/ Produktion:	Vera Honegger, Pestalozzianum Verlag
Belichtungsservice:	Fotosatz Salinger AG, Zürich
Druck:	Fotorotar, Egg
Vertrieb:	Pestalozzianum Verlag, Beckenhofstrasse 33, CH-8035 Zürich

Alle Rechte vorbehalten

ISBN 3-907526-46-7 (Pestalozzianum Zürich)
ISBN 3-909105-32-7 (Völkerkundemuseum der Universität Zürich)

Inhalt

Immerhin hat diese sentimental-triviale Mythenbildung Gegenbewegungen auf den Plan gerufen, die mit verantwortungsvoller Aufklärung dafür sorgen, dass sich in der Begegnung mit indianischen Minoritäten und ihrer Einschätzung neue Auffassungen und Einstellungen durchsetzen. Authentische Dokumente, neue wissenschaftliche Forschungsergebnisse, eine wachsende Zahl hervorragend recherchierter Sachbücher, völkerkundliche Ausstellungen für ein breiteres Publikum sowie neue kritische Ansätze in der Medienpädagogik bilden eine verlässliche Grundlage, um auch in der Schule ein «altes», bei Lehrerinnen/Lehrern und Schülerinnen/Schülern gleichermassen beliebtes Thema mit dem Ziel anzugehen, den Blick für eine behutsame, differenzierend-differenzierte Betrachtungsweise zu schärfen.

Der Bezug zu hier und jetzt

Neue Klischees der Diskriminierung

Nach wie vor bildet das grundsätzlich vorhandene Interesse vieler Jugendlicher für die Indianer eine fast ideale Voraussetzung, um dieses Thema in der Schule zu behandeln. Neben den eingangs erwähnten alten Klischees haben sich heute weniger bei den Schülerinnen und Schülern als vielmehr bei vielen Erwachsenen, die sich mit Esoterik befassen, neue, nicht weniger irreführende Vorstellungen gebildet.

Vor allem im Fahrwasser jener New-Age-Bewegungen, die sich auf Ökologie und Gesundheit berufen, ist es Mode geworden, den Indianern Eigenschaften zuzuschreiben, die sie leicht als eine Art «Öko-Heilige» oder Wunderheiler erscheinen lassen. Mit dieser problematischen Vereinnahmung ist freilich der indianischen Bevölkerung auf ihrem Weg zu Unabhängigkeit und Selbstbestimmung sowie auf der Suche nach ihrer eigenen Identität wenig gedient.

Vor diesem Hintergrund reicht es längst nicht mehr, Klischees vom naturverbundenen und schamanistischen, mit magischer Kraft die gesunden innern Kräfte beschwörenden Indianer aufzubrechen und zu korrigieren. Selbstverständlich ist dabei nicht auszuschliessen, dass sich im Kern gewisser indianischer Naturauffassungen sowie traditioneller Glaubensinhalte und Mythen Überzeugungen verbergen, die dem Technologie- und Fortschrittswahn des «Alles-ist-machbar» eine durchaus ernstzunehmende Alternative entgegensetzen könnten.

Ursachenforschung und Differenzierung

Ebenso wichtig und auch spannend ist es, einmal die Ursachen solch irriger Vorstellungen, aber auch tradierter Vorurteile aufzuspüren und gemeinsam zu diskutieren. Man wird dabei entdecken, dass die Erniedrigung (der barbarische Wilde) als auch die Erhöhung (der friedliebende Naturmensch) des Fremden und Unbekannten auf dieselben Wurzeln zurückzuführen sind, die dem täglichen Rassismus ihre Nahrung zuführen. Der Diskriminierung ist jedoch auf die Dauer nur durch Erziehung zu mehr Verständnis und damit zu grösserer Toleranz erfolgreich zu begegnen.

Dabei wird sich wohl nicht vermeiden lassen, die altersbedingte Vorliebe vieler Schülerinnen und Schüler für prickelnde Unterhaltung und abenteuerliche Spannung, wie sie vor allem die massenmediale Unterhaltungsindustrie vom Western bis zum Spielzeugfederschmuck bereithält, einer kritischen Betrachtung zu unterziehen, was allerdings nicht in einseitig miesmacherischer Weise geschehen soll. Dem normalerweise vorherrschenden einseitigen, geschönten Indianerbild ist eine differenzierte, der historischen Überlieferung entsprechende und von der Forschung bestätigte Faktenlage gegenüberzustellen. Ebenso gilt es, die Glaubwürdigkeit der freien Erzählung durch gewissenhaft recherchierte Tatsachen über Lebensweise, Wesen und Wirken der heutigen Indianer/innen abzustützen.

Der Vergleich als Methode

Als eine wesentliche methodische Hilfe bietet sich der Vergleich an, der sich auch im Unterricht vorzüglich anwenden lässt:

Fremdes, scheinbar weit Entlegenes kann sowohl faszinieren als auch ängstigen oder gar abstossen, wobei die dadurch bedingte Abwehrhaltung der Bildung von Vorurteilen förderlich ist. Meist fehlt es an der richtigen Distanz, um dem Fremden offen und unvoreingenommen zu begegnen. Ein Mittel, um diese Distanz zu verringern, besteht darin, zunächst von den eigenen Gegebenheiten auszugehen. Die uns vertrauten Lebensformen und Verhaltensweisen lassen sich in der Regel leichter zu denjenigen anderer Völker oder Kulturkreise in Beziehung setzen, wenn man sich beispielsweise fragt:

- Wovon ernähren sie sich, und was essen wir hauptsächlich oder nebenbei?
- Wo und wie wohnen sie, und wo sind wir in welchen Wohnverhältnissen zu Hause?
- Was fertigen sie für den täglichen Gebrauch an, und welche Geräte benützen wir?
- Wie kommen sie zu ihrem Namen, und wie verläuft bei uns die Namengebung?
- Wie verständigen sie sich (mündlich, schriftlich), und wie kommunizieren wir miteinander?
- Was spielen ihre Kinder (und Erwachsenen), und wie vergnügen wir uns?
- Welche Feiern und Feste kennen sie, und welche Festivitäten und Bräuche sind bei uns (noch) üblich?

Wachsendes Verständnis für die globale Dimension einer für alle anzustrebenden menschenwürdigen Existenz bei gleichzeitiger, wenn auch nicht völlig unkritischer Toleranz für andere Lebens-, Denk- und Glaubensformen sind der grösste Gewinn einer solchen vergleichenden Auseinandersetzung, zu der in diesen Unterrichtsvorschlägen immer wieder mit entsprechenden Hinweisen angeregt wird.

Die Kulturareale Nordamerikas

1 Arktis
2 Sub-Arktis
3 Nordwestküste
4 Kalifornien
5 Plateau
6 Grosses Becken
7 Südwesten
8 Prärie und Plains
9 Nordosten
10 Südosten

Kultur und Geschichte

In der Amerikanistik wird die enorme Vielfalt der indianischen Kulturen in eine Anzahl sogenannter Kulturareale gegliedert. In einem Kulturareal sind geographisch benachbarte Völker oder Gemeinschaften zusammengefasst, die sich in gleicher oder ähnlicher Weise an die vorhandene natürliche Umwelt angepasst haben und die ähnliche oder gar gleiche Kulturmerkmale teilen, sei es in der materiellen Kulturausrüstung, in der sozialen Ordnung oder in der Religion. Da es sich hier lediglich um Kriterien der ethnographischen Beschreibung handelt, sind die Grenzen zwischen den Kulturarealen fliessend und recht selten eindeutig. Über die Einteilung herrscht in der Amerikanistik eine gewisse Einigkeit; dennoch schwankt die Zahl der Kulturareale zwischen neun und zwölf. Während die einen Amerikanisten keinen Unterschied zwischen dem Prärie-Areal und dem Plains-Areal machen, unterscheiden andere strikt; in unserem Fall wählen wir einen Mittelweg, um wichtige Gemeinsamkeiten und Differenzen herauszustreichen (siehe Karte 1). Dies wird im Folgenden verdeutlicht, einerseits in der gerafften Darstellung der Entwicklung dieses Kulturraumes, anderseits anhand zweier ethnographischer Beispiele, die je den Prärie- bzw. den Plains-Aspekt des gesamten Kulturareales illustrieren sollen.

Die soziale und kulturelle Entwicklung

Das Kulturareal der Prärie- und Plains-Indianer hat sich in seiner typischen Ausprägung erst in ethnographisch jüngerer Zeit entwickelt, und zwar nicht ohne Einfluss der im Gange befindlichen Kolonisation des nordamerikanischen Kontinentes durch die Europäer. Im Gegensatz zu den anderen Kulturarealen, deren Entwicklung sich in vorkolumbischer Zeit vollzog, haben erst der Westwärtsdruck der Einwanderer und die Verbreitung des Pferdes eine intensivere Nutzung dieses ökologischen Raumes bewirkt.

Die Entwicklungsgeschichte des Prärie- und Plains-Areales lässt sich deshalb deutlich in drei Phasen einteilen, und zwar in die voreuropäische Zeit, in die Zeit der eigentlichen kulturellen Hochblüte und in die Zeit der Dekulturation, mit anderen Worten, des von aussen beeinflussten kulturellen Zusammenbruches.

Die voreuropäische Zeit

Diese Zeitepoche datiert bis ins 17. Jahrhundert, als sich die ersten spärlichen Kontakte zwischen Rot und Weiss entwickelten; Fell- und Pelzjäger, Händler und Missionare (vor allem Jesuiten) wagten sich, den Mississippi und Missouri hinaufziehend, in die Prärie- und Plains-Gebiete vor. (Die vorkolumbische Zeit mit den verschiedenen prähistorischen Kulturen wie z.B. der Mississippi-Kultur spielt für die Entwicklungsgeschichte eine geringe Rolle, so dass hier auf eine spezielle Behandlung verzichtet werden kann; vgl. dazu u.a. Snow 1976, Fagan 1992 und 1993.)

In dieser voreuropäischen Zeit lebten in der östlichen Prärie bis in die Seen- und Waldgebiete westlich und südlich der Grossen Seen Indianer, welche in der Ethnologie als Halbsedentarier, d.h. als Jäger und Sammlerinnen (oder Wildbeuter) mit Bodenbau-Anteil, bezeichnet werden. In unterschiedlichem Masse jagten die Männer Kleinwild, Rotwild und Bisons, die Frauen sammelten wilde Pflanzen (z.B. wilder Reis), Wurzeln, Beeren und Nüsse und pflanzten Mais, Bohnen, Kürbisse, Sonnenblumen und Tabak an.

Die sioux-sprachigen Völker in den fruchtbaren Gebieten des oberen Mississippi bis hinunter zur Ohio-Mündung und die mehr ackerbäuerischen caddo-sprachigen Indianer (siehe Karte 2) am südlichen Mississippi wohnten, ihrer Lebensweise entsprechend, teilweise oder ganzjährig in festen Siedlungen mit Holzhäusern, Erdhäusern oder andern ähnlichen

Besiedlung des Prärie- und Plains-Kulturareals

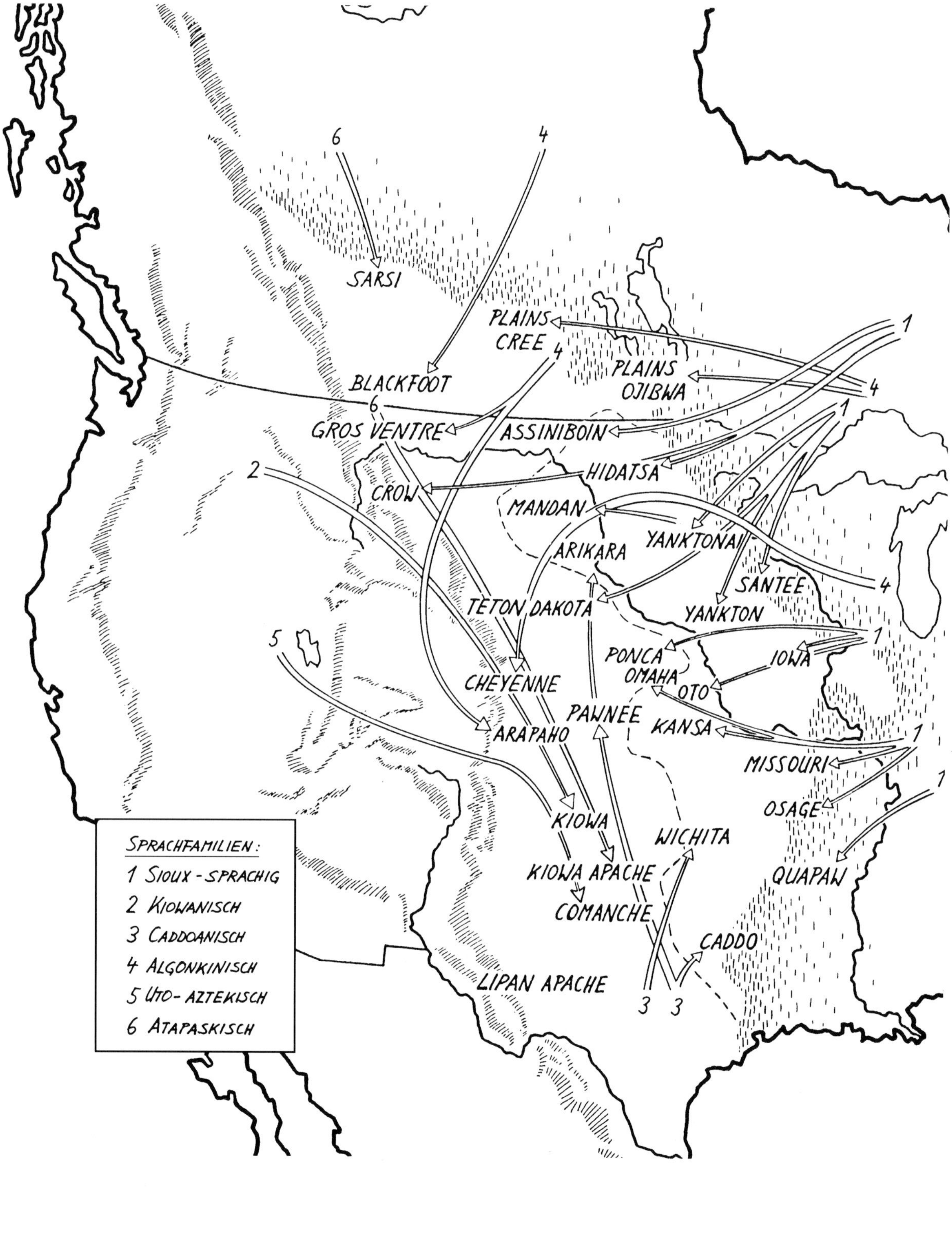

Wohnbauten. Eine eigentliche Vorratshaltung war bekannt, und die Siedlungen waren oft zu Verteidigungszwecken mit Palisaden umgeben.

Über die eher lebensfeindlicheren Plains streiften nur wenige Jägervölker, in Gruppen unterteilt, wie z.B. die Kiowa, Comanche und Blackfoot. Das Leben auf den Plains muss hart gewesen sein, vor allem im Winter, da das Wild nicht allzu zahlreich war und die Bisonjagd sich als ein nicht ungefährliches Unternehmen erwies. Die nomadisierende Lebensweise erlaubte nur relativ kleine Vorratsmengen mitzuführen. Zudem standen als Lasttiere nur Hunde zur Verfügung; die Frauen mussten oft die schwersten Lasten tragen.

Im Verlauf des 17. und 18. Jahrhunderts setzte allmählich ein Wandel dieser soziokulturellen Lage ein. Die Kolonisierung Nordamerikas durch Angloamerikaner wirkte sich für die Ureinwohner je länger, desto nachteiliger aus. Die östlichen Indianer wichen dem weissen Ansturm nach Westen aus, sofern sie nicht schon ausgerottet waren oder gewaltsam nach Westen deportiert wurden. Dies löste eine Kettenreaktion aus, die darin gipfelte, dass immer mehr Ethnien in die Prärie und die Plains abgedrängt wurden. Doch diese Völkerverschiebung gelang nur, weil die östlichen Ethnien über eine wirksamere waffentechnische Ausrüstung europäischer Herkunft verfügten und weil auf der Prärie und den Plains die neue Gesellschafts- und Kulturform der Pferdenomaden-Bisonjäger entstand, die ein Überleben in dieser wenig wirtlichen Umwelt bedeutend erleichterte.

Die kulturelle Hochblüte

Im 17. Jahrhundert hatten im Südwesten der Plains die Pueblo, Navajo und Apache (u.a.m.) mit Pferden zu handeln begonnen, welche sie von den Spaniern käuflich erwarben oder sich auch durch Diebstahl aneigneten. Dadurch verbreitete sich das Pferd relativ rasch beiderseits der Rocky Mountains nordwärts und wurde zu einem begehrten Reit- und Transport-Tier (siehe Karte 3).

Das Pferd ersetzte als Lasttier bald den Hund, was ihm unter anderem die Bezeichnung «grosser Hund» eintrug. Die Zeltstangen, die auch zur Konstruktion des Travois (Schleppgestell) dienten, wurden demnach grösser und die Zelte höher. Die Vorratshaltung konnte dank der grossen Tragfähigkeit des Pferdes erweitert und die Frauen vom übermässigen Lastentragen befreit werden.

Das Pferd brachte nicht nur eine Verbesserung der Jagdtechnologie; Pferdehaltung und -pflege bekamen sogar eine wichtigere Bedeutung für den Kulturwandel als die Bisonjagd. Diese war, wie erwähnt, schon

Frauen mit «Toboggan», Gemälde von Karl Bodmer

Die Verbreitung des Pferdes

früher von Jägerkulturen der Plains betrieben worden und veränderte sich jetzt hauptsächlich im quantitativen Sinne. Die Prärie- und Plains-Indianer kannten mit Ausnahme der Comanche keine gezielte Pferdezucht; ausser den Comanche assen sie auch kein Pferdefleisch, es sei denn in äusserster Not.

Die materielle Kultur wandelte sich recht augenfällig. So verschwanden Töpferei, Flechterei, Feldbau und feste Siedlungen, alles typische Elemente der Sesshaftigkeit.

Dem nomadischen Leben wurde auch die Wohnsitzregel nach der Heirat angepasst, entsprechend der Abstammungsregel in Bilokalität: Während früher der Mann bei der Heirat in matrilokalen Klanen ins Haus der Frau bzw. der Schwiegermutter einzog oder in patrilokalen Gruppen die Frau zum Manne bzw. ins Haus ihres Schwiegervaters, so bot die neue Regel eine Wahlmöglichkeit; das Paar konnte sich derjenigen Herkunftsfamilie anschliessen, bei der es sich am besten einzufügen vermochte.

Da die nomadische Lebensweise in Kleingruppen die Auflockerung früherer Strukturen bewirkte, entwickelten die Plains-Indianer politische Strukturen, welche zu einer besseren sozialen Integration führen sollten. Diese Strukturen kamen vor allem im Sommer zum Tragen, wenn sich die verschiedenen Untergruppen einer Ethnie zusammenschlossen, um zusammen auf Bisonjagd zu gehen und gemeinsam religiöse Zeremonien wie den Sonnentanz zu feiern (vgl. S. 28f.).

Innert rund 100 Jahren, zwischen 1750 und 1850, entwickelten die Plains-Indianer und in geringerem Masse die Halbsedentarier oder Seminomaden der Prärie die neue Lebensform zu einer bemerkenswerten Hochblüte; wegen der vielen Abhängigkeiten (Pferd, Bison, europäische Konsumgüter) und zunehmenden Spannungen (wachsende Bevölkerungsdichte bei abnehmenden Ressourcen) drohte jedoch schon von Anfang an der kulturelle Zusammenbruch.

Zusammenbruch und Vernichtung

Die neue soziokulturelle Lage im Prärie- und Plains-Areal war zunehmend für Konflikte anfällig. Immer mehr Völker wanderten in diese Gebiete ein und adaptierten die neue Gesellschafts- und Kulturform, die aber eine Abhängigkeit von Pferd und Bison zur Folge hatte. Auch die eher ackerbäuerischen Prärie-Indianer begannen, in den Sommermonaten ausgedehntere Bisonjagden zu unternehmen, die dank dem Pferd und europäischen Waffen immer ertragreicher ausfielen. Zudem heizten weisse Pelzhändler die indianischen Bisonjagden an, so dass weit mehr Tiere erlegt wurden, als für den Lebensbedarf notwendig gewesen wären.

Gegen Felle und Pelze handelten die Indianer Waffen und Munition, metallene Werkzeuge und Geräte, Glasperlen und Farbstoffe, Salz und Zucker und andere, oft billige Konsumwaren ein. Die Ausübung des traditionellen indianischen Handwerks (z.B. Werkzeug- und Geräteherstellung) erübrigte sich oder wurde durch einfachere Techniken ersetzt (z.B. Stachelschweinborsten- durch Glasperlen-Stickerei), und entsprechende Fähigkeiten gingen so allmählich verloren; weitere fatale Abhängigkeiten entstanden.

Die riesigen Bisonherden und ganz allgemein der Wildbestand begannen zu schrumpfen, die Jagdterritorien mussten erweitert werden; folglich kam es zu immer häufigeren territorialen Auseinandersetzungen unter den Indianern selbst. Und da das Pferd in den mittleren und nördlichen Plains in weniger grosser Zahl vorkam, Pferdebesitz aber mit Prestige verbunden war, wurde Pferdediebstahl zum alltäglichen «Sport», wie die oft blutigen Auseinandersetzungen in der Literatur schönfärberisch bezeichnet werden. Zwischen den Prärie- und Plains-Völkern entwickelte sich deshalb eine rasch zunehmende Aggressivität, die als Überlebensnotwendigkeit den männlichen Angehörigen im frühen Alter anerzogen und von ihnen verinnerlicht werden musste.

Der Zusammenbruch der Prärie- und Plains-Kulturen ist aber nicht bloss auf diese inner- bzw. zwischen-ethnischen Faktoren zurückzuführen. Externe Ursachen bekamen ein immer grösseres Gewicht. Schon im 18. Jahrhundert und dann vor allem in der ersten Hälfte des 19. Jahrhunderts lösten die ersten spärlichen Kontakte mit Weissen – Trappern, Händlern, Missionaren, Forschungsreisenden – Epidemien unter den indianischen Völkern aus, die keine Im-

Bevölkerung um 1800 und Sprachfamilien

Prärie-Völker	Sprachfamilie	
Hidatsa	sioux-sprachig	2500
Mandan	sioux-sprachig	3600
Östliche Dakota (Santee, Yankton, Yanktonai)	sioux-sprachig	15000
Arikara	caddoanisch	3800
Ponca	sioux-sprachig	800
Omaha	sioux-sprachig	2800
Pawnee	caddoanisch	10000
Iowa	sioux-sprachig	1200
Oto	sioux-sprachig	1800
Kansa	sioux-sprachig	3300
Missouri	sioux-sprachig	1000
Osage	sioux-sprachig	6200
Wichita	caddoanisch	3300
Quapaw	sioux-sprachig	2500
Caddo	caddoanisch	10200
		68000

Plains-Völker	Sprachfamilie	
Blackfoot (Siksika, Kainai, Piegan)	algonkinisch	30000
Sarsi	athapaskisch	800
Plains-Cree	algonkinisch	4000
Plains-Ojibwa	algonkinisch	2000
Atsina (Gros Ventre)	algonkinisch	3000
Assiniboin (Stonies)	sioux-sprachig	10000
Crow	sioux-sprachig	4000
Teton-Lakota	sioux-sprachig	12000
Cheyenne	algonkinisch	3500
Arapaho	algonkinisch	3000
Kiowa	kiowanisch	2000
Kiowa-Apache	athapaskisch	300
Comanche	uto-aztekisch	10000
Lipan-Apache	athapaskisch	500
Tonkawa	tonkawisch	1600
		86 700

Im Verlauf der Entwicklung des Prärie- und Plains-Kulturareales stiessen noch weitere Völker dazu, teils aus den Randgebieten zu den östlichen Waldlandschaften, wie die Sauk und Fox (6500), bzw. von den westlich gelegenen Rocky Mountains, wie die Flathead (3000), Nez Perce (6000), Wild River Shoshone (2 000) und Ute (4500), sowie aus dem Randgebiet zum Südwesten, wie die Mescalero-Apache, Jicarilla-Apache und Navajo.

Nach 1830 wurden im Verlauf der «Removal»-Politik mehrere Volksgruppen zwangsweise aus dem Osten in das sogenannte «Indian Territory» (später der Bundesstaat Oklahoma) umgesiedelt. Einige dieser Stämme übernahmen mehr oder weniger die neue Kulturform des Pferdenomadismus.

Die maximale Bevölkerungszahl im ganzen Prärie- und Plains-Kulturareal wird auf über 300 000 geschätzt, wenn man die jeweils grösste Bevölkerungszahl pro Volk zusammenzählt. Diese höchsten Zahlen erreichten aber die einzelnen Völker zu unterschiedlichen Zeitpunkten. Das hing vor allem davon ab, wann die von den Weissen eingeschleppten Epidemien die einzelnen Völker zu dezimieren begannen; die einen traf es schon im 18., die andern erst im 19. Jahrhundert, die einen einmal, andere mehrmals.

Amerikanisierung eines Indianers, ca. 1880

munkräfte gegen europäische Krankheiten wie Grippe, Pocken, Scharlach usw. besassen. So verloren die Atsina durch eine Pockenepidemie vor 1800 drei Viertel ihrer 3000 Angehörigen. Die Assiniboin litten im Jahre 1840 an derselben Krankheit. Die Siksika wurden dreimal von Pocken heimgesucht; 1837 verloren sie die Hälfte ihrer 15000 Angehörigen, 1845 und 1857 dezimierte die Seuche sie auf 5000 Seelen. Vor allem die Prärie-Gemeinschaften waren gegenüber diesen Krankheiten anfälliger, weil die Sesshaftigkeit die Ansteckungsgefahr erhöhte. So blieben von den 1600 Mandan nach der Pockenepidemie von 1837 noch ungefähr 100 am Leben. Die Pawnee wurden 1832 von 20000 auf 10000 dezimiert.

Ein weiterer Faktor war der unaufhaltbare Westwärtsdrang der landhungrigen europäischen Einwanderer. 1830 legte zwar der Kongress eine «ewige Indianergrenze» fest; diese verlief vom Lake Superior zum Mississippi, dessen Lauf nach hinunter bis zur Mündung des Moines und dann entlang des 94. Längengrades bis zum Golf von Mexiko, so das östliche «weisse» vom westlichen «roten» Amerika trennend. Doch immer mehr Siedler überschritten widerrechtlich diese Grenze; dies und die mangelhafte Exekutivgewalt der US-Regierung ihren eigenen Landsleuten gegenüber – nur gerade 3000 Soldaten schützten diese lange Grenze – verschuldeten viele Grenzstreitigkeiten.

Die Indianer wurden zusehends militanter; 1862 nahm die Periode der sogenannten Indianerkriege ihren Anfang, als Little Crow mit seinen Santee-Dakota im Wald- und Seenstaat Minnesota gegen die Anwesenheit von 150000 Siedlern protestierte und einen blutigen Aufstand vom Zaune riss. Was sich bis 1876 auf der Prärie und den Plains zwischen den äusserst kriegstüchtigen Indianern (in der Mehrzahl aus der Sioux-Sprachfamilie) und den Truppen der USA abspielte, hat seit einiger Zeit auch in den Medien vermehrt Aufmerksamkeit gefunden, sowohl in Büchern (Dee Brown 1992) wie im Spielfilm («Little Big Man», «Soldier Blue» und «Dances with Wolves»).

Nach der militärischen Zerschlagung des Widerstandes wurden die Prärie- und Plains-Indianer, wie andere östliche Völker zuvor, in Reservationen getrieben, wo sie vorerst an Hunger, Krankheiten und kul-

Inneres des Erdhauses eines Mandan-Chefs, Gemälde von Karl Bodmer

Materielle Kultur

Die Mandan wohnten in festen Dörfern mit 40–60 Erdhäusern, die immer an leicht zu verteidigenden Plätzen an Steilufern eines Flusses gebaut und von Palisaden umgeben waren. Die Häuser gruppierten sich um einen grossen, religiösen Zwecken dienenden Platz. Die runden Erdhäuser hatten in der Regel einen Durchmesser von 15 m und waren ungefähr 3 m hoch. Vier Balken stützten die Kuppel aus gebogenen Stämmen junger Bäume, und die ganze Konstruktion war mit geflochtenen Weiden und Binsenmatten belegt und mit Erde und Grassoden bedeckt. In der Mitte befand sich die Feuerstelle, darüber in der Decke ein Rauchabzug, der bei Regen zugedeckt wurde. Seitlich hinter einer Abschrankung war der Platz für die Pferde.

Die Menschen schliefen auf Bisonfellen. Ihr Haushalt bestand aus Tonwaren, Holz- und Ledergegenständen, Korbflecht- und Metallwaren, die sich nach dem Kontakt mit den Weissen sehr schnell verbreiteten. Die Töpferei wurde in der Prärie in geringem Masse, auf den Plains wegen der nomadischen Lebensweise gar nicht betrieben. Die Mandan benutzten ausgehöhlte Baumstämme als Kanus oder bespannten einen Bootsrahmen aus leichten Stangen mit Bisonhäuten. Als Waffen verwendeten nicht nur die Prärie-, sondern auch die Plains-Indianer vor allem Pfeil und Bogen, Lanze, Keule und als Schutz Schilde aus Leder. Auf der Jagd wurde der lautlose Pfeilbogen noch lange dem Gewehr vorgezogen.

Ein typischer Gegenstand der Prärie- und Plains-Indianer war die Pfeife, deren Kopf meistens aus rotem Catlinit-Stein, aber auch aus grünem Speckstein geschnitzt und oft reich ornamentiert war. Zum Aufbewahren der Pfeifen verfertigte man mit Stachelschweinborsten und Glasperlenstickerei dekorierte und mit Pferdehaar und Federn verzierte Wildledertaschen.

Nur in den Prärie-Dörfern am oberen Missouri kannte man die Korbflechterei, die von östlichen Waldland-Indianern übernommen worden war. Matten und Leichentücher aus Gras und Binsen sowie Jagdtaschen, Säcke, Gürtel, Halstücher, Stirnbinden aus Bisonhaar und Baumbast wurden dagegen häufiger als reine Korbwaren hergestellt. Echte Weberei war im Plains- und Prärie-Gebiet unbekannt; an ihrer Stelle gab es nur gewisse einfache Flecht- und Knüpftechniken.

Die Fellbearbeitung (Antilopen-, Bergschaf-, Hirsch- und Bisonfelle) war von grosser Bedeutung; aus dem Fell verfertigte man nicht nur Kleidungsstücke, sondern auch Faltentaschen, Kindertragen, Köcher, Schilde und im Plains-Gebiet Tipis. Frauen kleideten sich mit langen, verzierten Lederkleidern, kurzen Leggins und Mokassins, Männer mit Durchziehschürzen, Fellmänteln und Mokassins, später dann mit Lederhemden und Leggins. Alle Kleidungsstücke und Gebrauchsgegenstände waren reich verziert mit Stachelschweinborsten, Fransen, Tierfellstreifen, Haarbüscheln und seit dem Anfang des 19. Jahrhunderts vor allem mit Glasperlen. Eine besondere Bedeutung kam den sogenannten Bisonroben zu: grosse Fellmäntel für Oberhäupter und Krieger, die mit ganzen Szenen – oder auf Mänteln für Frauen mit geometrischen Symbolen – bemalt waren.

Der Schmuck wurde fast ausschliesslich aus Tiermaterial hergestellt: Grizzlybärenklauen für Halsketten, polierte Hirschknochen für Brustschmuck, Adlerfedern für Kopfhauben mit langer Schleppe, Bisonhörner für Kopfschmuck usw. Körper- und Gesichtsbemalung sowie Tätowierung waren sehr verbreitet.

Soziale Ordnung

Die Mandan kannten eine komplexe Sozialordnung. Mehrere Kernfamilien (Vater, Mutter, Kinder), deren Frauen alle miteinander verwandt waren – z.B. eine Frau und deren Töchter –, ergaben eine erweiterte Familie und lebten in einem Erdhaus zusammen. Dieser Grosshaushalt bildete die ökonomische Grundeinheit: Die Frauen bearbeiteten zusammen die Felder, die Männer gingen gemeinsam auf Jagd. Die Felder gehörten nicht ihnen, sondern der nächst grösseren Sozialeinheit, die in der Fachsprache als Lineage bezeichnet wird. Diese bestand aus mehreren über die Frauenlinie miteinander verwandten erweiterten Familien. Innerhalb der Lineage wurden die Felder den erweiterten Familien zugeteilt, die sie so lange «besitzen» durften, wie sie sie bearbeiteten; «Felderbesitz» bedeutete eigentlich nur ein Nutzungsrecht. Eine Lineage war wirtschaftlich autonom.

Indianische Gerätschaften und Waffen, Gemälde von Karl Bodmer

Auf sozialer Ebene waren wiederum mehrere über die Frauenlinie miteinander verwandte Lineages zu *matrilinearen Klanen* vereinigt. Die Klane hatten sich gegenseitig zu helfen und insbesondere die exogame Heiratsregel zu überwachen, d.h., Mann und Frau mussten aus zwei verschiedenen Klanen stammen. Nach der Heirat zog der Mann in den Haushalt seiner Frau. Politische Funktionen konnte er aber nur in seiner Herkunftslineage oder seinem Herkunftsklan übernehmen, und seine Kinder gehörten zur Lineage bzw. zum Klan ihrer Mutter gemäss der matrilinearen Abstammungsregel. Die Klane waren nach Grösse und traditionellen Aufgaben – z.B. bei religiösen Zeremonien – hierarchisch geordnet, und sie rivalisierten stets um Macht und Prestige.

Die insgesamt 7 Klane waren zusätzlich zwei Hälften, *Moieties*, zugeteilt – 4 Klane der einen Hälfte, 3 der anderen –, d.h., die gesamte Mandan-Gesellschaft bestand aus zwei Hälften, die je einen der beiden Hauptführer stellten, das Friedensoberhaupt und den Kriegsführer. Die Moieties traten in Funktion bei Spielen und in der sogenannten Neckverwandtschaft. Letzteres ermöglichte eine Form sozialer Kontrolle: Mitgliedern aus einer Moiety war es gestattet, bestimmte Mitglieder der anderen Moiety zu necken oder zu hänseln, vor allem wenn diese ein abweichendes Verhalten an den Tag legten.

Zu einer weiteren Eigenheit der Sozialordnung der Mandan zählten die nach Altersstufen gegliederten Männer- und Frauenbünde. Sie drückten die Beziehung des Menschen zur transzendentalen Welt aus. Jedes Individuum trat in der Regel mit zehn Jahren in die erste Altersstufe ein und rückte dann in die nächsten, dem Alter entsprechenden Stufen nach. Man wurde aber beim Erreichen eines bestimmten Alters nicht automatisch Mitglied des entsprechenden Altersbundes, sondern musste sich durch Abgabe von Pferden, Gewehren, Decken usw. einkaufen. Nur wenige Leute erlangten den höchsten Grad. Mitglieder jedes Bundes trugen bestimmte Abzeichen und kannten gemeinsame Gesänge und Tänze. Alle Bünde hatten ihre Aufgaben und sorgten dafür, dass die junge Generation im Rahmen der Gemeinschaft erzogen wurde und deren Wertvorstellungen und Verhaltensformen kennenlernte.

Tanz der Mandan-Frauen, Gemälde von Karl Bodmer

Tipi-Lager der Piegan-Blackfoot, Gemälde von Karl Bodmer

Die Blackfoot – ein Plains-Volk

Die Blackfoot-Nation gehört der algonkinischen Sprachfamilie an und setzt sich aus drei Stämmen zusammen, den Siksika (oder nördliche Blackfoot), den Kainai (oder Blood) und den Piegan (in Kanada Peigan geschrieben). In der Literatur werden die Blackfoot oft als Blackfeet bezeichnet; ob Blackfoot oder Blackfeet: Dieses Volk darf nicht mit den Sihasapa, einem Unterstamm der Teton-Lakota, verwechselt werden, die in der Literatur meist auch mit Blackfoot oder Blackfeet bezeichnet werden.

Ihr voreuropäischer Lebensraum, die nördlichen Plains-Gebiete, reichte vom North Saskatchewan River in Alberta und Saskatchewan (Linie Edmonton-Saskatoon) bis hinunter an die Grenze zwischen Montana und Wyoming, östlich bis zum 106. Längengrad, westlich begrenzt von den Rocky Mountains; dies entspricht einem Territorium von rund 500 000 km^2.

In einem ersten Landvertrag mit den USA wurde den Blackfoot 1855, zusammen mit den Atsina (Gros Ventre) und River Crow, im heutigen Montana ein Gebiet von 78 000 km^2 zugesichert. Heute leben ca. 7 000 der rund 11 800 amerikanischen Piegan in einer Reservation, das nur noch 6 200 km^2 gross ist. In Kanada sind über 13 200 Blackfoot registriert, von denen ca. 9 500 in fünf Reservationen mit einer Gesamtfläche von 2 600 km^2 leben.

Die ersten indirekten Kontakte mit der europäischen «Zivilisation» (Pferde, Gewehre, Metallgegenstände, Pocken usw.) erfolgten in den 1730er Jahren, der erste bezeugte Kontakt mit einem Weissen aber erst 1787, als der Trapper und Kundschafter David Thompson von der Hudson's Bay Company den Winter bei einer Peigan-Gruppe im südlichen Alberta verbrachte. Die Blackfoot erlebten ihre Hochblüte als Plains-Indianer in der ersten Hälfte des 19. Jahrhunderts. Ihre militärische Unterwerfung endete am 23. Januar 1870 mit dem blutigen Massaker eines friedlichen Piegan-Dorfes am Marias River in Montana ...

Lebensunterhalt

Der *Bison* war die wichtigste Lebensgrundlage für die Blackfoot. Er war nicht nur Nahrungsquelle, sondern lieferte auch den grössten Teil der Rohstoffe für die materielle Kultur. Als tierische Nahrung wurden auch Hirsche, Rehe, Hasen, Enten und Gänse gejagt; Fische, Enten- und Gänseeier, Wurzeln und Beeren ergänzten diese Speisekarte.

Die Einführung des Pferdes in der ersten Hälfte des 18. Jahrhunderts veränderte und prägte die Blackfoot-Kultur wesentlich. Pferdebesitz bekam grösste Wichtigkeit für die wirtschaftliche Existenz, führte aber auch zu neuen Abhängigkeiten, denn für die Pferde musste man um Nahrung und Schutz vor allem im langen Winter besorgt sein. Pferde, als eigentliche Produktionsmittel, wurden entweder gekauft, durch Schenkung erworben oder von verfeindeten Nachbarstämmen geraubt. Neben der gefährlichen Bisonjagd und den sonstigen kriegerischen Auseinandersetzungen mit feindlichen Stämmen kam es deshalb auch noch zu immer häufigeren Pferderaubzügen. Erfolgreiche Pferdediebe genossen hohes Ansehen.

Das Wirtschaftsjahr der Blackfoot war in vier charakteristische Perioden unterteilt:

1. Während des fünf bis sieben Monate dauernden Winters lebten die Indianer in kleinen Gruppen mehr oder weniger sesshaft in geschützten Tälern. Die Männer gingen auf Jagd, die oft nicht sehr erfolgreich war, so dass man vor allem von den geräucherten Fleisch- und Pemmikanvorräten leben musste.
2. Im Frühjahr folgte eine rund zwei Monate dauernde Jagd- und Sammelperiode, weiterhin in kleinen Gruppen.
3. Der drei- bis viermonatige Sommer war gekennzeichnet durch die grossen Kollektivjagden und vor allem durch die damit verbundenen sozialen und religiösen Aktivitäten.
4. Der Herbst von zwei bis drei Monaten diente vor allem dazu – nun wieder in kleinen Gruppen –, Wintervorräte anzulegen und einen guten Winterwohnort aufzusuchen.

Es herrschte strenge Arbeitsteilung nach Geschlechtern; die Männer jagten, fischten und verfertigten ihre eigenen Waffen und Utensilien und sehr oft auch ihre Kleider und ihren Schmuck; dazu kamen noch Pferderaubzüge und Kriege. Die Frauen verarbeiteten die Jagdbeute, stellten die meisten Gebrauchsgegenstände her, sammelten Beeren und Wurzeln, besorgten also den gesamten «Haushalt» und trugen die Hauptlast der Kindererziehung. Der Arbeitseinsatz der Blackfoot-Frauen war sicher grösser als derjenige der Männer; dieser wurde aber als der meist gefährlichere eingestuft.

Was durch eigene Arbeitsleistung produziert oder erworben wurde, galt als persönlicher Besitz: ein gejagtes Tier, ein gestohlenes Pferd, gesammeltes Brennmaterial, sogar ein eigener Traum. Diese Güter konnten gehandelt, verschenkt oder ausgeliehen werden. Nur bei den Nahrungsmitteln herrschten andere Regeln: Diese wurden innerhalb der Familie verteilt, aber auch Kranke erhielten ihren Anteil, ebenso andere Personen, denen man irgendwie verpflichtet war (z.B. wegen der Ausleihe eines Pferdes). In Hungerszeiten, meist in einem langen Winter, wurden alle Nahrungsmittel gleichmässig innerhalb der Lebensgemeinschaft aufgeteilt.

Die Blackfoot kannten einen regen Tauschhandel untereinander, aber auch mit benachbarten Ethnien und weissen Händlern und Trappern. Das Wirtschaftssystem war durchaus auf Anhäufung von Gütern ausgerichtet, doch kam es nie zu extremen Besitzunterschieden, da eine wichtige soziale Regel von allen Besitzenden eine stark ausgleichende Grosszügigkeit verlangte. Man konnte zwar allein mit Besitz Prestige erlangen, mit dem Verschenken von Gütern aber noch weit mehr Ansehen gewinnen. Die Blackfoot schienen nicht sklavisch an ihren materiellen Gütern zu hängen, denn nicht selten verspielte ein Mann seine ganze Habe. Land- und Ressourcenbesitz (Wild, Wasser, Holz usw.) war unbekannt und unvorstellbar; es gab lediglich ein Nutzungsrecht.

Soziale Ordnung

Ein Blackfoot-Kind wuchs in einer *patrilinearen Familie* auf, die sich aus Eltern, unverheirateten Geschwistern (meist des Vaters) und Grosseltern (meist väterlicherseits) zusammensetzte. Da Polygamie erlaubt war, konnten noch weitere Ehefrauen in dieser erweiterten Familie leben. Alle Familienmitglieder wohnten in einem Zelt.

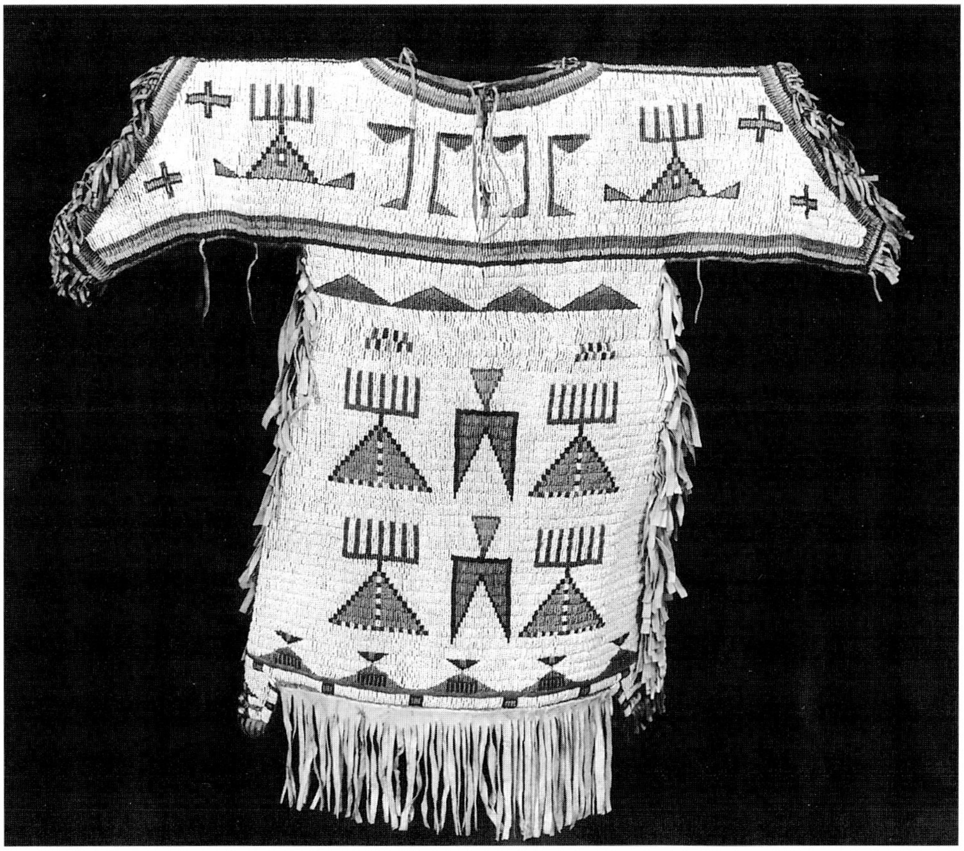

Mädchen-Kleid mit Glasperlen, Teton-Lakota

Mehrere miteinander verwandte, erweiterte Familien bildeten zusammen eine wirtschaftlich und politisch während drei Vierteln des Jahres selbständige Lebensgemeinschaft. Solche im Englischen «bands» genannte Jagdgruppen führten einen eigenen Namen, z.B. bei den Piegan Small Robes, Skunks, Lone Eaters usw., und befolgten «band»-Exogamie, d.h., der Lebenspartner musste ausserhalb einer «band» gesucht werden. Nach der Heirat galt die patrilokale Wohnsitzregel, die Ehefrau zog also in die Gemeinschaft des Mannes. Als Witwe hatte sie die Möglichkeit, in dieser Gemeinschaft zu bleiben oder in diejenige ihrer Eltern bzw. Brüder zurückzukehren. Mehrere «bands» wiederum fanden sich jeden Sommer zur Stammeseinheit zusammen. Hingegen trat die Blackfoot-Nation der drei Stämme der Siksika, Kainai und Piegan nur selten in Erscheinung; man kannte sich als «verwandte» Nachbarn und kam sich gelegentlich in kriegerischen Konflikten gegenseitig zu Hilfe.

Neben dieser grundsätzlichen, auf Verwandtschaftsbeziehungen aufgebauten Stammesstruktur gab es auch Strukturen, die nach Altersklassen organisiert waren. Ein Mann durchlief während seines Lebens mehrere hierarchisch aufsteigende Stufen von Kriegerbünden, oft zusammen mit ein paar Gleichaltrigen. Diese Bünde waren die politischen Machtträger und förderten den militärischen Geist ihrer Mitglieder durch Kriegsspiele und Wettkämpfe.

Im weiteren gab es religiöse Gemeinschaften von Männern, die wichtige kulturelle Rollen im Zusammenhang mit dem Sonnentanz spielten oder die im Besitz von Medizinbündeln und besonderen spirituellen Kräften (medicine power) waren. Vor allem während der Sommerzeit traten noch eine Art Tanzklubs junger Männer auf, die für «Unterhaltung» im grossen Zeltdorf sorgten.

Die Mitgliedschaft in solchen Kriegerbünden, religiösen Gemeinschaften und Tanzklubs förderte die

«Mandeh Pahchu», ein junger Mandan mit Flageolett-Flöte, Gemälde von Karl Bodmer

Solidarität innerhalb des Stammes, die aber immer gefährdet war, weil die Zeit des kollektiven Zusammenlebens nur sehr kurz dauerte.

Bemerkenswert war die starke Hierarchisierung der Blackfoot-Gesellschaft nach Prestigekriterien. Ein Mann hatte bestimmten idealisierten Wertvorstellungen nachzuleben, und je mehr ihm dies gelang, desto höher war sein Ansehen, was ihm auch einige Macht verleihen konnte. Mut und Tapferkeit, Grosszügigkeit und Freigebigkeit, Weisheit und Geschicklichkeit waren die Ideale, denen man in allen Lebenslagen zu genügen hatte, sei es im Krieg, beim Pferdestehlen, auf der Jagd, bei religiösen Ritualen und in allen weiteren Aktivitäten (vor allem bei der Produktion von Gütern). Mut allein genügte nicht, um Ansehen zu gewinnen; man musste auch sehr grosszügig Produktionsgüter verschenken, die man dank eigener Geschicklichkeit anzuhäufen verstand.

Doch am wichtigsten waren für den Blackfoot das Erlangen und der Besitz übernatürlicher Kräfte; ihnen verdankte er seine Kriegserfolge, das Glück auf der Jagd, seine Weisheit und Geschicklichkeit. Ihnen verdankte er es auch, wenn seine «band»-Mitglieder oder gar der Stamm ihn zum «band»- oder Stammesführer wählte. Nur wer den Idealen in vorbildlicher Weise nahekam, wer andere dank seiner Persönlichkeit überzeugen konnte, hatte Anrecht auf eine Führerposition. Alle «band»-Führer bildeten im Sommer den Stammesrat, aus dessen Mitte sie einen Stammesführer wählten, der aber nur wenig Macht hatte. Der Stammesführer hatte vor allem die Ratsgeschäfte zu leiten und in Konflikten schlichtend einzugreifen.

An diesen Idealen oder Wertvorstellungen massen die Blackfoot sich selbst und alle anderen. Eine offene soziale Kontrolle sorgte dafür, dass Abweichungen selten waren. Wer dennoch soziale Verhaltensnormen brach, wurde entweder verwarnt, öffentlich verspottet und beschämt oder kam ins Gerede, was jeder zu vermeiden trachtete. Diese Kontrollmechanismen spielten schon bei Kindern; diese wurden aber auch mit viel Lob ermutigt, den Wertvorstellungen entsprechend zu leben und zu handeln. Von einem Knaben erwartete man, dass er ein mutiger Kämpfer würde, sich gegen Gleichaltrige zu wehren wüsste und kleinere Kinder beschützen könnte.

Ihm war grosse sexuelle Freizügigkeit erlaubt; als «Don Juan» konnte sich ein Mann durchaus Ansehen erwerben. Mädchen hingegen hatten ihre Jungfräulichkeit zu bewahren; war eine Frau verheiratet, wurde Ehebruch streng bestraft; entweder schnitt man ihr die Nase ab oder prügelte sie zu Tode. Eine Frau, und dies lernte ein Mädchen schon früh, hatte ruhig, besonnen, pflichtbewusst und fleissig zu sein.

Mörder zwang man zu hohen Strafzahlungen oder bestrafte sie mit Verbannung; manchmal wurde auch ein Rachemord am Mörder oder einem seiner Familienmitglieder ausgeübt. Wer die Kollektivjagd im Sommer störte, erhielt Prügel; seine Waffen und Kleider wurden vernichtet.

Aspekte der Religion

In diesem Kapitel können nur einige wenige Aspekte der vielschichtigen Religionsformen der Prärie- und Plains-Indianer erwähnt werden. Dabei handelt es sich um Aspekte, die sich als panindianische Elemente in diesem Kulturraum entwickelt haben. Für eine differenzierte Auseinandersetzung mit dem Thema sei auf die angeführte Literatur verwiesen.

Wir finden in der Religion der Prärie- und Plains-Indianer die Vorstellung einer alles durchdringenden Kraft (medicine power), die bei den Lakota als «wakan» bezeichnet wird. Durch Visionen konnte man an dieser Kraft teilhaben, wobei als Medium ein persönlicher Schutzgeist wirkte. Die Visionssuche war deshalb von besonderer Bedeutung im Leben eines Prärie- und Plains-Indianers. Im Knaben- oder Jünglingsalter zog der Indianer allein in die Einsamkeit der Wildnis und fastete einige Tage, bis ihn sein psychophysiologischer Zustand für Visionen empfänglich machte.

Baumbestattung bei den Assiniboin, Gemälde von Karl Bodmer

Der Schutzgeist, der sich in einer Vision zu erkennen gab, war meist ein Tier, aber auch Himmelskörper, Naturerscheinungen (vgl. der Name «Rote Wolke») oder andere Dinge konnten diese Funktion übernehmen. Schutzgeister waren imstande, Anweisungen oder Ratschläge zu geben. Eine Vision bzw. ein Schutzgeist führte meist zu einer Namengebung oder Namensänderung.

Auch in der Vorstellung der Blackfoot durchdrang eine übernatürliche Macht das ganze Universum. Ein Blackfoot-Mann sah seine wichtigste Lebensaufgabe darin, einen Anteil dieser Macht zu erlangen. War ihm sein Schutzgeist erschienen und hatte ihn Tabuvorschriften, Lieder und Rituale gelehrt, ihm aber auch Hilfe in und Schutz vor Notzeiten versprochen, fertigte der junge Mann ein Medizinbündel an. In diesem bewahrte er verschiedene heilige Objekte, Federn, Knochen, Pflanzen u.ä. auf, die mit dem Schutzgeist irgendwie in Beziehung standen.

Visionen hatten aber nicht nur eine individuelle, sondern auch gesamtgesellschaftliche Bedeutung, wie neuere Untersuchungen zeigen. Wir unterscheiden dabei drei Gesellschaftstypen:

- Relativ egalitäre Gruppen am Rande der Plains mit einfacher Sammel- und Jagdwirtschaft, die je nach Jahreszeit in kleinen Familiengruppen lebten oder sich zu grösseren Verbänden zusammenschlossen, die aber aufgrund der knappen Ressourcen keine 100 Köpfe zählten: Bei diesen Gruppen legitimierten Visionen persönliche Fähigkeiten und Leistungen. Ein sozialer Status wurde also nicht vererbt, sondern nur durch Leistung erworben. Visionen konnten direkt der Gruppe nützlich sein, hing doch z.B. das Jagdglück von visionären Fähigkeiten ab.
- Bei den nomadisierenden Plains-Indianern wie den Blackfoot gab es ausgeprägte Statushierarchien, wobei militärische Erfolge oder Reichtum wie z.B. eine grosse Zahl von Pferden die Höhe des Status bestimmen konnten. Hier diente die Vision zur Verminderung der Angst, die durch ökologische Unsicherheiten und Härten, den permanen-

ten Konkurrenzkampf und die daraus resultierenden Spannungen hervorgerufen wurden. Die mit der Vision erworbene Macht hatte dabei vor allem für Erfolg im Krieg und weniger in der Jagd zu dienen.

– In den sesshaften und Feldbau treibenden Prärie-Gesellschaften, z.B. den Mandan, wurden die wirtschaftlich bedingten, hierarchischen Sozialordnungen durch standardisierte Visionen legitimiert und stabilisiert. Visionen bedurften der Anerkennung entsprechender Gruppen oder Bünde. Macht, die durch Visionen vermittelt wurde, war nicht Privatbesitz, sondern stand Verwandtschaftsgruppen oder Bünden zu. Nur privilegierte Mitglieder durften Visionen haben, und diese wiederum legitimierten deren Privilegien.

Der Sonnentanz

Das wichtigste Ritual war zweifellos der Sonnentanz, dem bei den Mandan weitgehend die *Okipa-Zeremonie* entsprach. Der Sonnentanz fand im Frühsommer vor der kollektiven Bisonjagd statt. Anlass war meist ein Gelübde zum Dank für übernatürliche Hilfe in einer schweren Krise. Das vier Tage dauernde Fest wurde in einer eigens aufgestellten Sonnentanzhütte durchgeführt. Als Tanzhütte diente eine kreisrunde Einzäunung, deren äusserer Pfostenkranz durch Querbalken mit einem Zentralpfosten verbunden war. An seiner Spitze symbolisierten Zweige und eine Bisonhaut ein Adler- bzw. Donnervogelnest, und am Pfosten selbst hing ein Bisonschädel.

Die Tänzer, die sich zuerst mit einem Schwitzbad physisch und spirituell gereinigt hatten, tanzten zu Gesang und rhythmischen Trommelschlägen zum Zentralpfosten hin und zurück und starrten ununterbrochen den Pfosten oder die Sonne an. Während der vier Tage fasteten die Tänzer und fielen deshalb meist in Bewusstlosigkeit, in der sie nach dem Glauben der Indianer mit den übernatürlichen Schutzgeistern in Kontakt treten konnten, um Schutz und Hilfe für sich und ihre Gemeinschaft zu erbitten.

Bei einigen Ethnien kannte man Sonnentanzversionen mit Selbsttorturen, wie sie auch in der Okipa-Zeremonie vorkamen. Durch die Haut des Tänzers am Rücken oder an der Brust wurden Holzpfrieme gestossen und diese dann mit Riemen mit dem Zentralpfosten verbunden. Jedesmal, wenn sich der Tän-

Sonnentanz im Sommer 1980 bei den Oglala-Lakota, Pine Ridge-Reservation, Süd-Dakota

zer vom Zentralpfosten wegbewegte, warf er sich in die Riemen, und dies so oft, bis die Haut – nicht selten erst nach Stunden – riss. Das Blut und die Schmerzen waren eine Art Opfergabe an die übernatürliche Ordnung der Welt, die mit dem ganzen Sonnentanzfest eine alljährliche Wiederbelebung erfuhr. Der Sonnentanz müsste deshalb korrekterweise als Neulebensfeier oder Erneuerungsfeier bezeichnet werden, doch hat sich der Begriff Sonnentanz, obwohl er nur einen Nebenaspekt bezeichnet, zu sehr eingebürgert, als dass man ihn ersetzen könnte.

Wenn ein Blackfoot-Mann nicht das Glück oder die Fähigkeit hatte, selbst eine Vision zu haben, konnte er gegen Bezahlung eine Vision mitsamt des Medizinbündels von anderen Stammesangehörigen erwerben. Die Verkäufer waren nur allzu oft froh, Teile ihrer spirituellen Kraft verkaufen zu können, denn im Besitz von Visionen, Medizinbündel und «medicine power» zu sein, bedeutete nicht nur Gewinn von hohem Ansehen; meist waren damit auch die Einhaltung von mehr oder weniger lästigen Tabus, die Durchführung von Ritualen und kostspieligen Festen und eine grosse Verantwortung für das spirituelle und religiöse Wohl der Gemeinschaft verbunden.

Gegenwartssituation

Haus eines Plains-Cree in der Thunderchild-Reservation, Saskatchewan

Wer sich mit der gegenwärtigen Lage der Ureinwohner Nordamerikas befasst, dem fällt wohl als erstes auf, dass sehr viel Widersprüchliches berichtet wird, sei es von Journalisten oder sei es in der Fachliteratur. Und wer in den USA oder in Kanada reist, dem begegnen auf den Strassen der Städte in der Nähe von Reservationen alkoholisierte und verwahrloste Indianer. In einigen Grossstädten findet man eigentliche Indianer-Gettos, in denen entwurzelte Abwanderer aus den Reservationen leben, oft mit grossen sozialen und wirtschaftlichen Problemen beladen. Hohe Raten von Arbeitslosigkeit, Kriminalität, familiärer Zerrüttung usw. kennzeichnen das Leben vor allem der städtischen Indianer. Aber auch in den meist kleinen Reservationen lebt es sich grösstenteils nicht besser; es gibt nur wenige Arbeitsmöglichkeiten, was meist die junge Generation in die Städte abzuwandern zwingt.

Die Sozialstatistik bestätigt auf ihre Weise dieses düstere Bild; sie weist für Kanada Mitte der 80er Jahre folgende Zahlenverhältnisse aus:

- Das *durchschnittliche Einkommen* der Indianer erreicht je nach Provinz nur 46–63% des Landesdurchschnittes.
- Die *Arbeitslosigkeit* ist mindestens zweimal so gross im Vergleich zum (von Jahr zu Jahr schwankenden) Landesdurchschnitt.
- Indianer sterben dreimal häufiger eines *gewaltsamen Todes* als weisse Kanadier,
- Die *Jugendkriminalität* ist unter Indianern dreimal häufiger als unter Weissen; in Manitoba und Saskatchewan sind 40% aller Gefängnisinsassen Indianer, obwohl der indianische Bevölkerungsanteil weniger als 10% beträgt.
- Die *Wohnverhältnisse* in den Reservationen waren bis in jüngster Zeit eher prekär, doch wurden in den 80er Jahren gewaltige Anstrengungen zur Verbesserung der Lage unternommen: In Kanada wiesen 1980 nur gerade 40% aller Indianerhäuser fliessendes Wasser, Bad und Toiletten auf, 1990 waren es doch schon rund 80%.
- Im Weiteren war die *Bauqualität der Reservations-*

häuser oft sehr schlecht, dem Klima nicht angepasst, d.h. nur mit mangelhafter Isolierung versehen, so dass die Häuser im Sommer heiss und im Winter kalt und zugig sind. Häuser, die in den 60er oder 70er Jahren gebaut wurden, mussten entweder saniert oder schlichtweg durch Neubauten ersetzt werden.

Dieses Bild ist allerdings recht einseitig, unvollständig und besagt nichts über das hinter diesen Fakten liegende Elend einer Minderheit, die sich seit Jahrzehnten dagegen wehrt, im von weisser Seite forcierten Integrationsprozess ihre Identität völlig zu verlieren. Zudem ergibt sich bei näherer Vertrautheit mit den Fakten und den Menschen ein höchst schillerndes Bild mit Schatten und Licht. All die Fakten und Zahlen ändern sich zudem von Jahr zu Jahr, entsprechend der allgemeinen wirtschaftlichen Lage; dennoch ist eine allmähliche Verbesserung der Situation feststellbar.

So findet man den hochbezahlten Facharbeiter ebenso wie die Universitätsdozentin, die ihre indianische Herkunft mit Stolz betonen. Und in den Reservationen der Prärie- und Plains-Gebiete gibt es erfolgreiche Farmer und in den nördlichen Waldgebieten traditionsbewusste Jäger und Fischer.

Trotzdem: Die Fakten über die nordamerikanischen Ureinwohner gleichen teils immer noch den entsprechenden Informationen über ein typisches Drittwelt-Land. Allerdings spricht man in diesem Falle nicht von Dritter Welt, sondern von *Vierter Welt*, womit indigene Minderheiten oder Ureinwohner in Industrieländern zusammengefasst sind, also z.B. die Sami im skandinavischen Lappland, die Maori in Neuseeland, die Aborigines in Australien oder die Indianer in Nord-, Mittel- und Südamerika.

Zusammenfassend kann festgehalten werden, dass die durchschnittlichen Lebensverhältnisse der nordamerikanischen Ureinwohner alles andere als erfreulich sind, obwohl während Jahrzehnten Millionen von Dollars für «indianische Angelegenheiten», wie der politische Jargon sich ausdrückt, ausgegeben worden sind. Die aufgeblähten Bürokratien in Washington (das BIA, Bureau of Indian Affairs) und in Ottawa (das INAC, Indian and Northern Affairs Canada, früher auch DIAND, Department of Indian Affairs and Northern Development) verschlingen allerdings den grössten Teil dieser Gelder, und über den Rest haben die Indianer meist kein Bestimmungsrecht, weil sie nach wie vor als Mündel gelten, über die verfügt werden kann. Erst in jüngster Zeit ist diese Praxis geändert und den einzelnen «First Nations» (Ersten Nationen, wie sich die indianischen Völker in Kanada heute selbstbewusst bezeichnen) mehr Selbstverantwortung übertragen worden; eine eigentliche Selbstbestimmung ihres Lebens wird ihnen jedoch nach wie vor verweigert.

In den letzten 30 Jahren haben sich Änderungen angebahnt, die nicht zuletzt bei den Indianern der Prärie- und Plains-Gebiete ihren Ausgangspunkt haben. In diesem Kapitel kann nicht auf alle Ereignisse eingegangen werden, die diese Periode geprägt haben. Über einige ist in den Medien berichtet worden, so z.B. 1973 über die Belagerung der von protestierenden Indianern besetzten Ortschaft Wounded Knee, wo 1890, wie auf S. 18 erwähnt, das letzte an Indianern begangene Massaker verübt worden war. Über die Entwicklungen in den USA wird recht häufig berichtet; da ich aber vor allem die kanadischen Verhältnisse auch aus persönlicher Anschauung kenne, werde ich ihnen mehr Raum widmen.

Die Indianisierung der Erziehung

Mein Zugang zu Informationen über die Gegenwartsprobleme der nordamerikanischen Indianer lief vorerst über die üblichen Kanäle, nämlich von Universität zu Universität, bis ich von einem in Winnipeg eingerichteten «Department of Native Studies» an der Universität von Manitoba erfuhr. Bei meinem ersten Besuch 1976 verwies mich der damalige indianische Dozent Stan Cuthand an das «Saskatchewan Indian Cultural College» in Saskatoon, wo seit einigen Jahren an einem verbesserten Bildungswesen für die Indianer gearbeitet wurde. In diesem College erhielt ich einen ersten Einblick in die Bemühungen der kanadischen Ureinwohner, Kontrolle und Mitbestimmung über die Erziehung ihrer Kinder zu erlangen.

Kinder in der Internatsschule von Prince Albert, Saskatchewan

«Indian Control of Indian Education»

Schon lange übten die Indianer scharfe Kritik an der entfremdenden und oft unmenschlichen Schulpraxis in den Internats- und Tagesschulen für Indianerkinder, die unter der Leitung von Beamten des DIAND standen, doch erst die 1973 veröffentlichte Schrift «Indian Control of Indian Education» des damaligen nationalen Dachverbandes der Indianer, die «National Indian Brotherhood», brachte eine Wende.

Das Dokument beginnt mit einer eindrücklichen Darstellung der indianischen Erziehungsphilosophie. Die Indianer von heute wollen ihre Kinder lehren, dass sie Glück und Zufriedenheit nur erlangen können, wenn sie stolz auf ihre Herkunft sind, wenn sie den Mitmenschen zu verstehen suchen und wenn sie mit der Natur in Harmonie zusammenleben. Die Kinder sollen ihre indianische Kultur und Geschichte kennen lernen sowie ihre Muttersprache sprechen. Sie sollen stolz auf ihre Kultur sein, denn diese besitzt Werte, die heute noch gültig sind, auch wenn in andern Kulturen andere Werte und Normen gelten. Die Kinder sollen ihr Selbstvertrauen als Indianer entwickeln, die Freiheit des andern achten, grosszügig sein, die Natur lieben und die Weisheit der älteren Generation respektieren.

Die Autoren dieser Schrift nehmen auch Stellung zur Frage nach der Integration der Ureinwohner in die eurokanadische Kultur und Gesellschaft. Integration müsse ein Prozess sein, durch den das Beste aus den indianischen Kulturen und aus der weissen Kultur zusammengeführt werde und sich in den Erziehungsprogrammen und Lehrplänen für Indianer und Weisse niederschlage. Deshalb dürfe Integration keine Einbahnstrasse sein. In der Schrift heisst es dazu:

«Für den Erfolg der Integration sind nicht allein die Indianer verantwortlich. Die Nicht-Indianer Kanadas müssen bereit sein, die Werte einer anderen Lebensweise anzuerkennen. Sie müssen auch bereit sein, die indianische Geschichte, das Brauchtum und die Sprachen zu lernen, und sie sollten wenn nötig auch bereit sein, ihre eigenen Werte, Ideen und Handlungsweisen zu ändern.»

Eigene Schulhoheit

Zur Verbesserung des Bildungswesens ergriffen die kanadischen Indianer neben der politischen Aktion auf nationaler Ebene ganz konkrete Massnahmen, die alle dem Ziel einer Indianisierung der Lehrerbildung, der Lehrprogramme und der Lehrmaterialien dienen. Grosse Fortschritte sind zum Beispiel an den beiden Colleges in Saskatoon und Regina (Saskatchewan Indian Federated College) erzielt worden. Diese befassen sich vor allem mit der konkreten Einführung der «Indian Control of Indian Education» in den einzelnen Gemeinden. Für viele Gemeindemitglieder ist die Übernahme von Verantwortung für die Belange des Lebens noch recht ungewohnt, denn zu lange sind sie durch das DIAND in Unmündigkeit verwaltet worden. Nun haben sie die Möglichkeit, die Schulhoheit zu übernehmen, die Lehrer/innen selber zu wählen, das Lehrprogramm und die Unterrichtsmittel selbst zu bestimmen.

Die Arbeit ist schwierig, gibt es doch allein in Saskatchewan 68 indianische Gemeinschaften, die zu fünf verschiedenen Sprachgruppen gehören: Cree, Plains-Ojibwa, Dene, Dakota, Assiniboin. Es verwundert deshalb nicht, dass die «National Indian Brotherhood» sich Anfang der 80er Jahre darüber beklagt hat, dass die eigene Schulhoheit erst in wenigen Fällen verwirklicht worden sei. In Saskatchewan sind die Verhältnisse um einiges besser, herrscht doch in rund 90% aller Reservationsgemeinschaften «Indian Control of Indian Education». Inzwischen haben bis 1990 in ganz Kanada 366 von 574 «First Nations» die Schulhoheit in ihren Reservationen übernommen.

Ganz allgemein hat das Bildungsniveau auf den Reservationen und unter den ausserhalb der Reservationen lebenden Ureinwohnern stark zugenommen:

- Die funktionale Analphabetenrate, d.h. weniger als 9 Jahre Schulbesuch, ist bei den Ureinwohnern doppelt so gross wie bei den übrigen Kanadiern; allerdings sinkt sie schnell: 1981 betrug sie 38%, 1986 noch 26%.
- 1986 haben schon 28% der Status-Indianer/innen einen Highschool-Abschluss; bei den nicht-indianischen Kanadier/innen sind es doppelt so viele.
- 1960 waren nur 60 indianische Student/innen an einem College oder einer Universität eingeschrieben, 1981 waren es 5 464, 1988 aber bereits 15 084.

Die Bedeutung der Religion heute

Die angestrebte Indianisierung des öffentlichen Erziehungswesens vorab in den indianischen Gemeinden wirft die Frage auf, welche Werte und Normen denn eigentlich das «Indianer-Sein» heute ausmachen, welche Traditionen der indianischen Identität zugrunde liegen. In diesem Zusammenhang lassen sich die Indianer auch nicht mehr vorschreiben, was ein «echter Indianer» sei. Vielmehr wollen sie sich der schwierigen Aufgabe selber stellen, als Indianer in einer «weissen Umwelt» zu leben.

Auf der Suche nach möglichen Antworten und Hilfen hat sie der Weg zu ihren Ältesten, den «Elders», geführt, die als Kultur-Bewahrer allen Anfechtungen zum Trotz die Traditionen in ihren Erinnerungen bewahrt haben, Nur zögernd haben sich die «Elders» den Anliegen der jüngeren Generationen geöffnet. Was dabei zutage tritt, hat oftmals die Wirkung einer Offenbarung: Indianische Kultur ist der «Schmelztiegel»-Kultur der weissen Gesellschaften nicht etwa unterlegen, im Gegenteil, sie ist vielmehr Ausgangspunkt für die Ureinwohner, eine neue, selbstbestimmte indianische Identität zu erkämpfen.

Bei den offenbarten «Schätzen» indianischer Kultur handelt es sich um einen Komplex, den man als Lebensweise, Lebensanschauung u.ä. bezeichnen kann, zu dem aber auch Begriffe wie Religion, Spiritualität, Ethik und Wertsystem gehören. Dieser «Überbau» bildet den Nährboden für das heutige aktive Handeln der Ureinwohner. Wenn dieser Überbau meist mit dem Begriff Religion bezeichnet wird, so handelt es sich dabei um eine blosse Annäherung an das, wovon hier die Rede ist. Es braucht deshalb ein umfassendes, ganzheitliches Religionsverständnis, um indianische Kultur verstehen zu können, wie es im folgenden Zitat zum Ausdruck kommt:

«... (Für) die natürlichen Völker gibt es, obwohl auch sie bestimmte Plätze wie die Kiva oder das Langhaus oder die Schwitzhütte haben, keine Trennung zwischen Religion und anderen Lebensbereichen. Jede Handlung ist ein spiritueller Akt. Jedes

sie steuerfrei im Rahmen der Grossfamilien noch eher wirtschaftlich überleben können, allerdings zum grösseren Teil mit Unterstützung der erwähnten Sozialfürsorge.

Wenn auch die Indianer-Behörden in Ottawa oder in Washington Versuche gefördert haben, Gewerbe oder Industrie in Reservationen anzusiedeln, scheiterten solche Projekte nicht zuletzt an den ungünstigen Verkehrsbedingungen der meist abgelegenen Reservationen. Trotz vereinzelter Erfolge ist bis heute die Fremdbestimmung der Reservationsökonomie ein entmündigendes Faktum geblieben.

Die Landfrage

Ein weiteres grosses Problem stellt sich den Reservationsgemeinden: die Landknappheit. Als in den USA und in Kanada in der Vergangenheit die Reservationen eingerichtet wurden, bemass man das Reservationsland an der Zahl der Gemeinschaftsangehörigen. Seit der Jahrhundertwende ist aber die indianische Population stetig angewachsen, so dass in der Regel heute doppelt so viele Menschen zu einer Reservationsgemeinschaft gehören als noch vor 80 oder 100 Jahren. Die Reservationen sind zu klein geworden, um alle, sei es durch Ackerbau oder Viehzucht, zu ernähren. Und durch Jagd kann man nur noch sein Menü bereichern, nicht aber davon leben.

Auswege aus diesen misslichen Rahmenbedingungen wirtschaftlicher Existenz sehen die indianischen Politiker und Ökonomen in Landrückforderungen oder in Entschädigungsleistungen für Landenteignungen, die gegen die Verträge verstiessen. Das Rad der Zeit lässt sich, auch für Indianer einsichtig, nicht zurückdrehen, weshalb z.B. die Sioux in Süd-Dakota bezüglich der Rückforderung der Black Hills aufgrund des Fort-Laramie-Vertrages von 1868 nur Staatsland anvisieren, nicht aber die von Weissen schon seit Generationen bewohnten und genutzten Gebiete, wofür lediglich eine angemessene Entschädigung verlangt wird.

Ein weiterer Ausweg sind zinsgünstige Kredite mit langer Laufzeit, wie sie Entwicklungsländern angeboten werden. Doch bleibt als wesentlichste Forderung die Selbstbestimmung im wirtschaftlichen Leben der Reservationsgemeinden.

Ein indianisches Wirtschaftsunternehmen

Im Folgenden stelle ich an einem Beispiel dar, wie sich Indianer aus eigener Kraft wirtschaftliche Grundlagen schufen, die ihnen erlaubten, einen Schritt weiter in Richtung Selbstbestimmung vorzustossen oder, wie es in Kanada seit ein paar Jahren heisst, der «Indian Self-Government» näher zu rücken. Es handelte sich um ein Wirtschaftsunternehmen, woran über 50 der 68 Reservationsgemeinden in Saskatchewan zusammen mit der provinzialen Organisation FSIN (Federation of Saskatchewan Indian Nations) beteiligt waren: SINCO Developments Ltd. Es wurde 1978 ins Leben gerufen und operierte nach vier Grundsätzen: «SINCO gehört den Indianern, wird von Indianern kontrolliert, von Indianern geleitet, und jede (Teil-) Firma muss gewinnbringend arbeiten.»

In der SINCO waren folgende Firmen zusammengeschlossen: Eine Transportfirma, ein Bauunternehmen, eine Liegenschaftsverwaltung, eine Explorationsfirma, eine Beraterfirma, eine «Spezialitäten»-Firma sowie eine Bewachungsfirma:

- Das Flaggschiff innerhalb SINCO war von Anfang an die *Transportfirma* mit ihren rund 40 Trucks (Lastwagen verschiedener Grössen, Tankwagen usw.), die meistens langfristige Transportverträge mit Bergbaufirmen abschloss, die im Norden von Saskatchewan oder Alberta Ressourcen abbauten. Ein Truck gehörte in der Regel dem indianischen Fahrer, der ihn per Leasing von SINCO erwarb.
- Die *«Spezialitäten»-Firma* bedruckte oder benähte Baseball-Mützen und T-Shirts mit Aufschriften bzw. Stoff-Stickers, seien es nun Klubsignete, Reservationsnamen oder Wappen von Gemeinden oder Firmen; Kontrakte mit den kanadischen Staatsbahnen und Firmen aus der weissen Wirtschaftswelt verhalfen dieser Kleinstfirma mit einem halben Dutzend Angestellten zu guten Gewinnen.
- Die *Baufirma* hatte aufgrund der allgemeinen Rezession im Baugewerbe Anfang der 80er Jahre in

Kanada die grössten Schwierigkeiten zu bewältigen, doch mit einer Spezialisierung auf Häuserbau in Reservationen schien sie sich später über Wasser halten zu können.

- Die *Beraterfirma* hatte sich auf Fragen zur Gemeindeverwaltung, -entwicklung und -budgets in Reservationen spezialisiert, wobei zusätzlich Ausbildungslehrgänge für Gemeindeangestellte angeboten wurden. Es war ein weiteres Merkmal von ganz SINCO, dass berufsbegleitende Weiterbildung stark gefördert wurde.
- Die *Explorationsfirma* stellte die Politik der Kontrolle über Ressourcen auf Indianerland auf eine konkrete Ebene. Rohstoffvorkommen halten sich nicht an Reservationsgrenzen, so dass z.B. Ölfirmen skrupellos Öl sozusagen unter den Reservationen abzuzapfen begannen, indem sie ihre Bohrtürme hart an den Reservationsgrenzen errichteten. Dagegen wehrten sich die Reservationsgemeinden mit Unterstützung der Explorationsfirma von SINCO, die abzuklären half, ob und welche Ressourcen auf ihrem Land zu finden sind. Der Aufbau einer eigenen Abbaufirma einerseits, faire Verträge mit nicht-indianischen Abbaufirmen anderseits, waren die weiteren Ziele von SINCO.

Mit all diesen Firmen vergrösserte sich SINCO kapitalmässig von Jahr zu Jahr; sie zahlte ordnungsgemäss die Kredite zurück und arbeitete erst noch gewinnbringend. Zudem stieg die Beschäftigtenzahl stetig, so dass SINCO mit über 100 Angestellten im Jahr 1983 zum grössten Arbeitgeber für Indianer in Kanada wurde, abgesehen von Regierungsämtern und den grossen Indianer-Organisationen.

SINCO beschäftigte auch Nicht-Indianer, vor allem in Kaderpositionen, solange keine indianischen Fachkräfte zur Verfügung standen. Doch über 85% aller Arbeitsplätze waren von Indianern belegt, von denen viele früher arbeitslos waren.

Inzwischen existiert SINCO nicht mehr. Da die Unternehmung zu sehr von staatlichen Subventionen abhängig war, und weil nicht alle der zehn Teilfirmen schwarze Zahlen schrieben, ging SINCO Konkurs, als 1987 die Subventionen im Rahmen der Sparpolitik der konservativen Regierung gestrichen wurden.

Dieses Beispiel einer nur teilweise erfolgreichen indianischen Unternehmung in den nördlichen Prärie- und Plains-Gebieten unterstreicht die Tatsache, dass die Mehrheit der Indianer, nicht zuletzt in diesem historisch berühmten Kulturareal, nach wie vor unter schwierigen wirtschaftlichen Verhältnissen

Ölpumpe in Alberta

lebt. Ansätze zu einer selbstbestimmten Verbesserung der Lage sind allerdings vorhanden.

Der Kampf um politisch-rechtliche Anerkennung

Das Völkerrecht und die indigenen Völker

Nach jahrzehntelangen, enttäuschenden Erfahrungen mit der Politik der Regierungen in Washington und Ottawa haben die Ureinwohner Nordamerikas erkannt, dass sie sich gegen die Politik der zwangsweisen Assimilierung nur noch mit Erfolg wehren können, wenn sie den Kampf internationalisieren. Dabei geht es um eine Verbesserung des völkerrechtlichen Status aller Ureinwohner in den neuen Staaten der nachkolonialen Zeit, also nicht nur um die Indianer Nordamerikas, sondern auch um die Ureinwohner der übrigen «Vierten Welt». Gemäss UNO existieren 5 000 kulturell und linguistisch unterscheidbare indigene Völker; die schätzungsweise 300 Millionen indigenen Menschen leben in mehr als 70 Ländern.

Alle diese Völker waren im internationalen Recht lange Zeit nur am Rande erwähnt, so z.B. in der Konvention 107 der Internationalen Arbeitsorganisation (ILO) von 1957, die noch stark vom Geist des Kolonialismus geprägt war. Ihr Hauptziel war neben einem allgemeinen Schutz der ethnischen Minoritäten deren allmähliche Integration in die jeweilige nationale Gesellschaft. Integration bedeutet hier jedoch die totale Auflösung der Identität der Ureinwohnergemeinschaften, was gemäss der internationalen «Konvention über die Verhütung und Bestrafung des Völkermordes» von 1948 und weiterer internationaler Vereinbarungen einem «kulturellen Völkermord» – auch *Ethnozid* genannt – gleichkommt. Nicht etwa aus diesem Grunde, sondern weil die ILO-Konvention die Ureinwohnervölker zu Völkerrechtssubjekten erklärt, haben nur 27 Staaten diese Konvention ratifiziert, nicht aber die USA, Kanada, Australien, die Sowjetunion u.a.m., also alles Staaten mit grossen Ureinwohnerminderheiten. In diesen Staaten gibt es demnach überhaupt keine Völkerrechtsbestimmung für ihre indigenen Gemeinschaften.

1989 hat die ILO ihre 30 Jahre alte Konvention 107 zur Konvention 169 überarbeitet, worin der Schutz zwar verstärkt und der Zwang zur Assimilation etwas vermindert, eine eigentliche Selbstbestimmung aber nach wie vor strikte abgelehnt wird.

Für den Schutz des einzelnen (indigenen) Individuums gibt es hingegen verschiedene völkerrechtliche Bestimmungen, an erster Stelle die «Allgemeine Erklärung der Menschenrechte von 1948». Zum Schutze der soziokulturellen Identität einer Gemeinschaft genügen diese Menschenrechte jedoch nicht. Das internationale Völkerrecht bedarf ganz klar einer grundsätzlichen Überprüfung und Ergänzung, woran aber vor allem die betroffenen Völker und Gemeinschaften beteiligt werden sollten, damit aus dem heutigen, vom abendländisch-westlichen Gedankengut geprägten Völkerrecht ein Völkerrecht wird, das alle Kulturen gleichermassen berücksichtigt.

UN-Deklaration zum Schutz der indigenen Völker

In der Tat wird an einer solchen Revision seit einigen Jahren gearbeitet, wobei sich vor allem indianische Persönlichkeiten und Organisationen aus den USA und Kanada hervortun. Wichtigstes Ziel all dieser Bemühungen ist die Ausarbeitung neuer völkerrechtlicher Bestimmungen zum Schutz der Ureinwohner rund um den Erdball. Ein hoffnungsvoller Schritt erfolgte am 7. Mai 1982, als die UN-Menschenrechtskommission beschloss, im Rahmen ihrer «Subkommission zur Verhütung von Diskriminierung und zum Schutz von Minderheiten» eine spezielle «Arbeitsgruppe über indigene Bevölkerungen» zu schaffen. Diese Arbeitsgruppe soll in erster Linie Verstösse gegen die Menschenrechte der Ureinwohner festhalten und darüber jährlich Bericht erstatten.

In zweiter Linie hat sich die Arbeitsgruppe der Frage nach der «Entwicklung neuer internationaler Gesetzesregelungen zum Schutz der indigenen Bevölkerungen» gewidmet. Schon bevor die Arbeitsgruppe existierte, legte der «Weltrat indigener Völker» im

Die Juristin Sharon Venne, eine Plains-Cree aus Saskatchewan, als Delegierte an der Session der «UN-Working Group on Indigenous Populations», Juli 1993 in Genf

April 1981 den Entwurf einer neuen «Internationalen Konvention über die Rechte der indigenen Völker» vor, worin das Recht auf Selbstbestimmung, wirtschaftliche Rechte – vor allem Rechte auf Land und selbstbestimmte Landnutzung – sowie soziale und kulturelle Rechte – z.B. das Recht auf eigene Religion und das Recht auf Kontrolle über die Erziehung der Kinder – hervorgehoben sind.

Eine Anerkennung der Ureinwohner als Völker mit besonderem Status und mit besonderen Rechten steht allerdings noch aus. Das weltpolitische Klima ist nicht besonders günstig; UN-Konventionen und -Deklarationen werden nur allzu oft von einer blossen Minderheit aller UN-Mitglieder unterzeichnet. Und mehr als eine vornehmlich kulturelle Autonomie will man bei der UNO den indigenen Völkern zur Zeit nicht gewähren.

Auch wenn viele der kleinen indigenen Gemeinschaften gar nicht mehr als einen Autonomiestatus anstreben, so ist die völlige Souveränität als Staat in einigen Fällen durchaus denkbar; das Fürstentum Liechtenstein zum Beispiel mit seinen nur rund 30 000 Einwohnern ist ja auch ein von der UNO anerkannter, unabhängiger Staat.

Dennoch ist einiges in Bewegung geraten: Das Jahr 1993 war bekanntlich von der UNO zum *Internationalen Jahr der indigenen Völker* erklärt worden. Aber erst im August 1994 gelang es der «Arbeitsgruppe über indigene Bevölkerungen», den Entwurf einer *UN-Deklaration* zuhanden der oberen Instanzen der UNO zu verabschieden: Würden die darin enthaltenen Grundsätze in politische Realität umgesetzt, dann könnte von einer Verbesserung der völkerrechtlichen Lage der Ureinwohner gesprochen werden. Allerdings beklagen die indigenen Völker, dass dieser Entwurf ihre Anliegen und Forderungen zu wenig berücksichtige (vgl. Beiträge in Gerber 1986 und 1993).

Die Völkergemeinschaft sollte in den nächsten 10 Jahren alles daransetzen, die Rechte der Ureinwohner grundlegend zu verbessern, nachdem die UNO am 10. Dezember 1994 die *UN-Dekade der indigenen Völker der Welt* ausgerufen hat. Denn je länger desto mehr bleibt die Feststellung eines Plains-Cree aus Saskatchewan berechtigt:

«Die Tage sind endgültig vorbei, da nicht-indianische Regierungen nach Lust und Laune über indianische Angelegenheiten bestimmen konnten.»

Vorschläge für den Unterricht

Vorbemerkungen

Obwohl das Völkerkundemuseum der Universität Zürich und die Fachstelle Schule und Museum des Pestalozzianums als Herausgeber dieser Buchreihe verantwortlich zeichnen, ist für das Thema «Indianer» mit voller Absicht eine museumsunabhängige Darstellungsform gewählt worden. Selbstverständlich ist der Besuch eines der Museen mit indianischem Sammlungsbestand, wie sie im Anhang aufgeführt sind, als Ergänzung sehr zu empfehlen, ist doch bekanntlich die konzentrierte Betrachtung von Originalobjekten durch Abbildungen nur unzureichend zu ersetzen.

Bei der Konzeption dieser Publikation wurde darauf geachtet, dass eine mehr oder weniger einlässliche Behandlung jederzeit im Unterricht möglich ist. Verschiedene Hilfsmittel wie eine Diaserie und eine Musik- resp. Liederkassette erlauben in Ergänzung der im Buch angebotenen Vorlagen für die Herstellung von Hellraumfolien resp. Arbeitsblättern eine entsprechende audiovisuelle Bereicherung des Unterrichts.

Ausleihbare Materialien

Diaserie und Musikkassette

Die Diaserie ist unter der Signatur D 005/8 I-II, die Musikkassette unter der Signatur MK 17/48 in der Bibliothek/Mediothek des Pestalozzianums, Beckenhofstrasse 31, 8035 Zürich, Tel. 01/368 45 45, ausleihbar (telefonische Auskünfte Dienstag bis Samstag 8–10 Uhr, Tel. 01/368 45 00).

Museumskiste

Im Sinne eines einmaligen Angebotes ist mit Nachdruck auf die im Völkerkundemuseum ausleihbaren Museumskisten hinzuweisen, die mit vielen Objekten ausgestattet sind. Es handelt sich dabei um heute von indianischer Hand hergestellte Originale oder Duplikate wie z.B. Mokassins, Perlenschmuckstücke, Tabakspfeifen u.a.m., die von Schülerinnen und Schülern auch angefasst werden dürfen. Ergänzend kommen noch Postkarten mit verschiedenen Sujets und sechs Kunstdrucke der bekannten Indianermaler Karl Bodmer und George Catlin dazu. Die Zusammenstellung der Objekte etc. wird laufend ersetzt und ergänzt.

Anfragen sind zu richten an: Völkerkundemuseum der Universität Zürich, Pelikanstrasse 40, 8001 Zürich, Tel. 01/634 90 11

Möglichkeiten des Einstiegs

Da davon ausgegangen werden kann, dass praktisch jeder Schüler/ jede Schülerin aufgrund seiner/ ihrer eigenen Lektüre, der Betrachtung von Western-Filmen oder Western-TV-Serien und anderweitiger (Spiel-)Beschäftigungen mit dem Thema «Indianer» seine/ihre persönlichen Kenntnisse, Auffassungen, Einstellungen und Phantasien verbindet, ist es naheliegend, diese schon vorhandenen Vorstellungen zu einem ersten (provisorischen) Indianer-Bild zusammenzutragen. Dieses sicher einseitige und unvollständige Bild kann dann im Laufe der anschliessenden Lektionen dem Alter und der Stufe der Schüler/innen entsprechend ergänzt und korrigiert werden.

Zunächst geht es darum, mündlich/schriftlich/an der Wandtafel/ auf dem HR-Projektor alle jene Informationen zu sammeln, die in Zusammenhang mit den Indianern Nordamerikas stehen.

Die Schüler/innen

- nennen Titel/Autoren und geben (mündlich) kurze Inhaltsbeschreibungen der (gelesenen) Bücher, in denen Indianer eine Rolle spielen (Belletristik und Sachliteratur). Sie suchen in der Schulbibliothek oder einer andern öffentlichen Bibliothek alle vorhandenen Bücher zum Thema Indianer heraus und/oder bringen eigene Indianer-Bücher von zu Hause mit. Nach Möglichkeit ist im Schulzimmer eine kleine, jederzeit zugängliche Handbibliothek einzurichten.

● erzählen Filme, TV-Serien oder TV-Dokumentarsendungen nach, die sich in unterhaltender oder informativer Weise mit Indianern beschäftigen.

● listen alle ihnen bekannten Begriffe einschliesslich einer knappen Erklärung auf, die Leben und Wirken der Indianer näher beschreiben in Bezug auf Charakterzüge, Wohnweise, Ernährung, Zeremonien usw.

● äussern sich darüber, was Indianer für sie bedeuten (z.B. Vorbild für ein ungehindertes Leben in der Natur, Heldenfigur, die gefährliche Abenteuer bestehen muss, usw.).

● schaffen einen Bezug zur nordamerikanischen Gegenwart, soweit diese ihnen aus den Medien oder dem Unterricht bekannt ist, indem sie sich etwa fragen: Wann, wo und wie ist von den Indianern, den Ureinwohnern des nordamerikanischen Kontinents, bei der Behandlung oder Erwähnung des heutigen Amerikas oder Kanadas die Rede gewesen?

Nach diesem mehr oder weniger ausführlich gestalteten Einstieg sind die Voraussetzungen gegeben, um in einer zweiten Phase die differenzierende Behandlung eines Kulturareals mit Hilfe der Überblickskapitel *Kultur und Geschichte* und *Gegenwartssituation* und der *Vorschläge für den Unterricht* einschliesslich der Diaserie und Tonkassette (Thema *Musik und Tanz*) in Angriff zu nehmen.

Auf der Oberstufe mag zur Aktivierung und zur Erhöhung der Spannung beitragen, wenn man die Schüler in die Rolle eines «Expeditionsleiters», eines «Berichterstatters», eines «Reisenden», eines «Malers oder Fotografen» schlüpfen lässt, wobei zur leichteren (auch gruppenweisen) Einstimmung folgende Bücher besonders geeignet sind:

– Urs Bitterli: *Die Entdeckung und Eroberung der Welt. Dokumente und Berichte.* Bd. 1: *Amerika, Afrika.* (Beck Verlag) München 1980.
– Fred Lindegger: *Bruder des roten Mannes. Das abenteuerliche Leben und einmalige Werk des Indianermalers Peter Rindisbacher (1806–1834).* (Verlag Aare) Solothurn 1983.
– Florence Curtis Graybill und Victor Boesen: *Ein Denkmal für die Indianer: Edward Sheriff Curtis und sein photographisches Werk über die Indianer Nordamerikas 1907–1930.* (Beck Verlag) München 1979.

Anhand der hier zugänglich gemachten schriftlichen und bildlichen Dokumente kann der Schüler/die Schülerin erfahren, was es heisst, zu einer bestimmten Zeit unter einem bestimmten Blickwinkel mit einer bestimmten Absicht anderen von den Indianern Kunde gegeben zu haben.

Ausweitung und Vertiefung

Zur Behandlung der Prärie- und Plains-Indianer stehen insgesamt 10 Themen zur Auswahl. Es liegt an der Lehrkraft zu entscheiden, auf welche und wie viele Unterrichtsthemen sie oder er eingehen will. Auch die in diesem Buch eingehaltene Reihenfolge der einzelnen Themen ist nicht verpflichtend. Lediglich im Sinne einer Empfehlung sollte ein minimales Stoffprogramm zumindest die Themen über
– den Bison,
– die Jagdmethoden,
– die Wohnformen,
– Namen und Namengebung und
– vom Recht, Indianer zu sein
umfassen. Falls die Zeit reicht, können beliebig weitere Themen behandelt werden.

Jedes Unterrichtsthema gliedert sich in drei Abschnitte:

1. Begründung und Ziel

Der erste Abschnitt gibt in knapp gefasster Form Auskunft darüber, welche Absichten mit jedem Unterrichtsthema verbunden sind, weshalb und wozu sich seine Behandlung empfiehlt.

2. Thematische Grundinformation

Der zweite Abschnitt ergänzt die Ausführungen in den allgemeinen Überblickskapiteln, indem er in konzentrierter Verknüpfung mit dem betreffenden Unterrichtsthema alle zusätzlichen Detailkenntnisse enthält, die zu dessen Behandlung notwendig sind. Es bleibt den Lehrenden überlassen, wie ausführlich sie diese Informationen ihren Schülern (weiter)vermitteln.

3. Anregungen für den Unterricht

Der dritte Abschnitt geht darauf ein, wie das betreffende Unterrichtsthema je nach verfügbarer Zeit und angesprochener Stufe im einzelnen angegangen werden kann. Wenn sich eine frontale, referatsmässige Weitergabe gewisser Informationsteile nicht immer vermeiden lässt, so fehlt es nicht an Anregungen, um die Schüler selbst zu Worte kommen und handeln zu lassen. Nicht zuletzt dienen die Arbeitsblätter und Lesetexte dazu, die Schüler im Hinblick auf ein konkretes Ziel zu beschäftigen. Selbstverständlich ist es auch möglich, ausgewählte Unterrichtsthemen verschiedenen Schülergruppen zur Bearbeitung zu übertragen und die Ergebnisse nachher in der Klasse auszutauschen oder allenfalls für einen eigentlichen Werkstattunterricht auszubauen.

Wer die Mühe nicht scheut, sei auf die Museumskiste mit einer Auswahl typischer Objekte und einer grossformatigen Karte hingewiesen (Ausleihe vgl. S. 45). Auch ein Museumsbesuch mit der Schulklasse dürfte zur Abrundung des Themas in mancherlei Hinsicht ergiebig sein (vgl. Anhang S. 144f.).

Im Sinne eines exemplarischen Vorschlages sei nachstehend skizziert, wie in das Thema *Bison* im Sach- bzw. im Biologieunterricht anhand des einheimischen Rinds eingeführt werden kann:

Bastelarbeit aus einem Stück Rindleder
Ein Lederstück als Denkanstoss:
a) – Was ist das?
- Woher kommt es?
- Wie wurde es gewonnen?
- Wie wurde es verarbeitet?

b) – Was kann man aus Leder alles herstellen?
- Welche Dinge aus Leder kennt ihr? (Hinweis auf Leder mit oder ohne Haare, z.B. Schulthek!)

c) Zeichnet ein «Schnittmuster» für euer Portemonnaie auf Papier!
d) Herstellung des Portemonnaies gemäss Vorlage.
e) Vergleicht ein entsprechendes Fabrikerzeugnis mit dem selbstgebastelten Portemonnaie.

Verwertung des Rindes
a) Vom Bild eines Rindes ausgehend, gemeinsam erarbeiten, welche Teile verwertbar sind.
b) Was wird aus diesen verschiedenen Teilen hergestellt (Gruppenarbeit)? Bei wem bzw. wo erhalten wir nähere Auskünfte über die verschiedenen Herstellungsprozesse?
- Haut und Fell: Ledergeschäft, Kürschner, Schuhmacher, Bauer
- Hörner: Schlachthof, Bauer, Metzger
- Fleisch: Metzger, Mutter, Bauer
- Milch: Milchladen, Hütte, Bauer
- Knochen: Metzger, Schlachthof, Landwirtschaftliche Genossenschaft
- Abfallprodukte: Metzgerei, Schlachthof, Bauer.

c) Auswertung
- Schülerberichte (mündlich oder schriftlich), wenn möglich durch die entsprechenden Gegenstände veranschaulicht, die evtl. zu einer kleinen Ausstellung zusammengefasst werden können.
- Der Bison und seine Verwertung durch die Indianer.
- Einsatz des Arbeitsblattes 1.
- Transfer auf andere, in dieser Hinsicht ergiebige Haus- und Nutztiere.

Im allgemeinen hat sich eine Behandlung der Prärie- und Plains-Indianer nach den in diesem Buch enthaltenen Vorschlägen mit jeweils von der Lehrerin/vom Lehrer vorzunehmenden Anpassungen ab der Mittelstufe (4./5. Schuljahr) als sinnvoll und machbar erwiesen. Die bewusst höher angesetzten Ansprüche im Thema *Vom Recht, Indianer zu sein* setzen die Reife von Oberstufenschülerinnen und -schülern voraus.

Wenn nicht eine Projekt-/Arbeitswoche zur Verfügung steht, kann das Thema «Indianer» auch im Rahmen folgender Unterrichtsbereiche (gemäss zürcherischem

Lehrplan) oder Fächer behandelt werden:

- Unterrichtsbereich «Mensch und Umwelt»
  - Realien (‹Heimat und Welt›, z.B. Vergleich hiesiger mit indianischer Lebensweise und Kultur oder ‹Vergangenheit, Gegenwart, Zukunft›, z.B. historisch-politische Wurzeln des aktuellen Überlebenskampfes)
  - Lebenskunde (z.B. Minderheiten, Wertvorstellungen und Religion anderer Völker)

- Unterrichtsbereich «Sprache»
  - Deutsch (z.B. Lektüre und Interpretation von Lese-/Lied- und Sachtexten, Kurzreferate, schriftliche Zusammenfassungen etc.) Wertvolle Hinweise finden sich u.a. in *Indianer in Erzählung und Sachbuch,* Sekundarstufe 1, Bd. 1 des von Malte Dahrendorf und Peter Zimmermann herausgegebenen Rowohlt-Lehrerbuches. Taschenbücher im Unterricht, Anregungen, Hilfen, Unterrichtsmodelle. (Rowohlt) Reinbek 1986.

- Unterrichtsbereich «Gestaltung und Musik»
  - Handarbeit (z.B. Herstellung von Gebrauchsgegenständen etc.)
  - Musik (z.B. Interpretation von indianischen Liedern)

- Unterrichtsbereich «Sport»
  - Tanz und Spiele

- Fächerübergreifende Unterrichtsgegenstände
  - «Medienerziehung» (z.B. Welches Indianer-Bild vermitteln uns die Massenmedien?)

Vgl. dazu das Heft *Western* mit Unterrichtsvorschlägen für das 7.–10. Schuljahr von *Georges Ammann, Dani Bodmer, Ruedi Herensperger,* das im Pestalozzianum Verlag, Beckenhofstr. 33, 8035 Zürich, erhältlich ist (Fr. 12.–, Tel. 01/368 45 45).

Der Bison

1. Begründung und Ziel

Nicht von ungefähr bildet der Bison den Inhalt des 1. Unterrichtsthemas. Für die Präirie- und Plains-Indianer war der Bison neben dem Pferd von zentraler Bedeutung, galt er doch als Hauptlieferant für Nahrung und materiellen Kulturbesitz. Am besten kann sich der Schüler diese Abhängigkeit vergegenwärtigen, wenn er Überlegungen zur Bedeutung des Rindes für unsere Lebensweise anstellt.

2. Thematische Grundinformation

Der Bison gehört zur Familie der Bovidae, d.h., er ist eine Rinderart; deswegen ist die Bezeichnung «Büffel» eine Falschbenennung. Es werden zwei Bisonarten unterschieden: der europäische Bison (Bison bonasus), den wir als Wisent kennen (s. unten), und der nordamerikanische Bison, der wiederum zwei Unterarten aufweist, den Prärie- oder Plains-Bison (B. bison bison) sowie den Wald-Bison (B. bison athabascae). Die Unterschiede dieser Unterarten sind jedoch sehr geringfügig. Es handelt sich um Anpassungen an die geographischen und klimatischen Bedingungen der Plains bzw. der Wald- sowie Berggegenden. Die Bisonart, die für einen Teil der Indianer Nordamerikas eine so wichtige Rolle spielte, war der Plains-Bison.

Aussehen
Ausgewachsene Bisonbullen erreichen eine Schulterhöhe von 160–180 cm und wiegen zwischen 900 und 1 270 kg. Die Kühe sind wesentlich kleiner und leichter. Bisons können 20–30 Jahre alt werden. Im November und Dezember tragen die Tiere einen dichten, braunen Winterpelz, der bei den Indianern sehr geschätzt war, um daraus warme Wintermäntel anzufertigen. Im Frühjahr scheuern die Tiere an Felsen und Bäumen ihr Winterkleid ab, so dass sie dann am Körper fast kahl erscheinen.

Ernährung
Der Bison ernährt sich von verschiedenen Grasarten, die auf den Plains wachsen.

Geruchssinn
Der Bison verfügt über einen guten Geruchssinn. Wasser kann er z.B. auf grosse Entfernung wittern; dagegen ist sein Sehvermögen schlecht. Das kam den Jägern sehr gelegen. Trotz seiner äusserlichen Schwerfälligkeit kann das Tier gut schwimmern und ist imstande, steile Hänge zu erklimmen. In leicht abfallendem Gelände ist der Bison dem schnellsten Pferd überlegen. Gerät eine Herde in Panik, so ist sie nicht mehr aufzuhalten und muss sich totlaufen.

Herdentier
Der Bison ist ein typisches Herdentier. Eine Bisonherde besteht aus vielen kleinen Gruppen. Eine solche Gruppe setzt sich aus einem Bullen und so vielen Kühen zusammen, wie er um sich scharen kann. Dazu kommen noch jüngere Bullen und verschiedene Jungtiere. In Gefahrensituationen, z.B. wenn Pumas oder Wölfe angreifen, bilden die alten Tiere – mit den Hörnern nach aussen – einen Kreis, um die Kälber und Jungtiere in der Mitte zu schützen. In der Brunstzeit, von Juli bis Oktober, vereinigen sich die Gruppen zu grossen Herden. Die Berichte über die Ausmasse dieser Riesenherden gehen sehr auseinander. In der übrigen Zeit aber leben die Tiere nur in Kleinherden zusammen, was vor allem auch durch das im Winter knappe Futterangebot bedingt ist.

Wanderungen
Früher glaubte man, dass die Herden auf ihren Wanderungen periodisch immer denselben Routen folgten. Tatsächlich handelte es sich aber eher um Verschiebungen, die von der Futter- und Wassersuche und den klimatischen Bedingungen bestimmt wurden. Im Sommer zogen die Tiere gegen Norden, um dann im Winter wieder in südlichere Gegenden zurückzukehren. Dass sich die Herden nicht einfach an feste, aus-

getretene Pfade hielten, beweist die Tatsache, dass es für die Indianer nicht leicht war, eine wandernde Herde aufzuspüren.

Ausrottung
Die Indianer verwendeten alle Teile eines Bisons. Sie erlegten in der Regel nur so viele Tiere, wie sie verwerten konnten. (Eine Ausnahme bildete die Klippenjagd, bei der meist nur ein Bruchteil der tödlich gestürzten Tiere genutzt wurde.) So blieb der Bestand der Herden erhalten. Das änderte sich, als die Weissen entdeckten, wie gut sich Bisonfelle verarbeiten lassen. Bisonfelle liessen sich auch gegen metallene Werkzeuge, Waren und Waffen sowie Alkoholika eintauschen. Weisse und Indianer machten deshalb immer intensiver auf die Herden Jagd. Mit dem Bau der Union-Pacific- und Kansas-Pacific-Eisenbahn nahm die Jagd noch weiter zu: Unzählige Tiere wurden abgeschossen und liegengelassen; höchstens die Zunge, die als Delikatesse galt, fand Verwendung.

Schliesslich erkannten die Weissen, dass sie das Problem der langwierigen Indianer-Kriege auch lösen konnten, indem sie den Indianern einfach die Lebensgrundlage entzogen. Sobald die Bisonherden ausgerottet waren, konnte die Kultur der Plains-Indianer nicht mehr weiterbestehen. Mit einem Freipass der Regierung ausgestattet, metzelten die weissen Jäger die letzten Bisonherden nieder.

Reservate und Zucht
Die ursprüngliche Zahl der Bisons wird auf 50–60 Millionen Tiere geschätzt. Um 1800 waren es noch ungefähr 30 Millionen; nach der massiven Ausrottungsphase zählte man 1889 noch knappe 1000 Bisons, die mehrheitlich in Privatbesitz waren; zudem existierte im Yellowstone Park und in Kanada noch je eine wilde Herde. Die American Bison Society trug wesentlich dazu bei, dass diese wenigen Bisons geschützt und in Tierpärken am Leben erhalten blieben. 1950 war die Gesamtzahl der Bisons wieder auf 25 000 gestiegen, die hauptsächlich in den Nationalpärken der USA und Kanadas lebten.

Inzwischen ist man in ganz Nordamerika auf den Geschmack von Bisonfleisch gekommen, so dass die private Zucht und Herdenhaltung rasch zugenommen hat. Heute gibt es in fast allen US-Bundesstaaten und in weiten Teilen Kanadas unzählige Bisonfarmen – auch in vielen Indianer-Reservationen. Die Gesamtzahl ist bis 1995 auf gegen 200 000 Tiere angestiegen; davon leben aber nur rund 30 000 in wilden Herden in National- und Tierpärken. Bei diesen Bisons handelt es sich fast ausschliesslich um Plains-Bisons (B. bison bison), wohingegen der Wald-Bison (B. bison athabascae) mit knapp 3000 Stück noch um sein biologisches Überleben kämpft.

Der Wisent
Der europäische Verwandte des Bisons ist der Wisent. Er ist leichter und von kleinerer Statur. Die letzten freien Herden lebten Anfang dieses Jahrhunderts in der Sowjetunion und in Polen. Immerhin gelang einer internationalen Gesellschaft zur Erhaltung des Wisents, aus einigen kleinen Herden, die in privatem Besitz waren, wieder Wisents zu züchten, so dass heute mehr als 200 Exemplare existieren. Eine Herde lebt heute auch wieder wild in Polen in den Wäldern des Bialowieza Nationalparks, d.h. östlich von Warschau an der Grenze zu Weissrussland

Verwertung des Bisons
(Die Nummern beziehen sich auf das Arbeitsblatt 1)
Fleisch
Das Fleisch des Bisons wurde frisch oder als Konserve, d.h. als Pemmikan, genossen. Um Pemmikan herzustellen, schnitten die Frauen das Fleisch in Streifen und hängten diese an Gestellen zum Trocknen auf. Nach dem Dörrprozess pulverisierten sie das Trockenfleisch in Mörsern, gossen heisses Tierfett darüber und mengten zerstampfte Beeren darunter. Diese Masse wurde in flachen Lederbeuteln aufbewahrt, worin sie zu harten Fladen trocknete und lange haltbar blieb. Pemmikan ist sehr nahrhaft und gesund. – Zunge, Herz, Nieren, die mit Galle gewürzte Leber und andere Innereien wurden als Leckerbissen geschätzt, und aus den Knochen holte man das köstliche Mark heraus.

Haut
Gegerbte Häute, deren Haarkleid nicht entfernt worden war, wurden als Schlafunterlagen und Bettdecken, aber auch als Fellmäntel benützt. In enthaartem Zustand verarbeitete man die Häute zu Satteltaschen, Pfeilköchern und Zeltdecken. Diese bildeten das «Dach» des typischen Kegelzeltes der Plains-Indianer, das unter dem Begriff Tipi (1) bekannt geworden ist. Auch die halbkugelförmigen Boote der Mandan sind mit Bisonhaut überzogen. Aus ungegerbten, aber enthaarten Häuten entstanden Rohlederbehälter verschiedener Art: viereckige Etuis, in denen die Frauen allerlei Kleinigkeiten aufbewahrten, Beutel für «Medizin», zylindrische Futterale für Zeremonialgerät, Rohlederkoffer und die bekannten Falttaschen (Parfleches), die hauptsächlich Pemmikan und andere Nahrungsmittel aufnahmen. Rohleder wurde auch zu Rasseln, Schwanzriemen für Pferde, Sohlen für Mokassins, Lederstreifen für Bindungen usw. verarbeitet. Aus der dicken Nackenhaut wurden Schilde (2) hergestellt.

Bisonhaar/Bisonwolle
Das Haar wurde zum Zusammendrehen von Schnüren und Stricken und die Wolle als Stopfmaterial gebraucht. Bei einigen Stämmen gab es auch Taschen, Arm- und Kniebänder, Gürtel und Sattelgurte (3) aus Bisonhaaren.

Schädel
Schädel spielten im Bisonkult der Religion vieler Stämme eine wichtige Rolle (4).

Hörner, Zähne
Hörner zierten eine spezielle Art von Kopfschmuck (5), womit in der Regel Anführer ausgezeichnet wurden. Ausserdem fertigte man aus Bisonhörnern Löffel an. Bisonzähne fanden als Schmuck Verwendung.

Knochen
Aus Knochen wurden Messer (6), Fellschaber, Spatel und aus Knochensplittern Ritzinstrumente fabriziert.

Schulterblatt
Das Schulterblatt wurde bei den halbsesshaften Prärie-Stämmen zur Hacke, mit der man die Erde lockerte für den Anbau von Mais, Bohnen, Kürbis und Tabak.

Sehnen
Die Sehnen lieferten einen vorzüglichen Zwirn und unzerreissbare Bogensehnen (7).

Magen
Der Magen (8) diente als Wasser- und als Kochgefäss, worin das Wasser mit heissen Steinen erhitzt wurde.

Blase
Die Blase diente als Behälter fürs Knochenmark oder für Talg; manchmal wurde aus ihr eine Rassel (9) hergestellt.

Hirn, Leber
Hirn und Leber wurden ausser als Nahrungsmittel beim Gerben der Häute verwendet.

Exkremente
Schliesslich sei erwähnt, dass sogar die trockenen Exkremente des Tieres in der Steppe als Brennmaterial sehr geschätzt wurden, da es oft an Holz mangelte.

Verwertung des Rindes

Fleisch
z.B. Rindsbraten
Plätzli
Entrecôte
Würste
Herz
Lunge
Nieren
Kutteln
Euter
Schwanz

Fell/Haut
Ledertaschen
Portemonnaie
Schuhe, Sohlen
Ledersessel
Thek mit und ohne Haare
Handschuhe
Koffer
Uhrenbändchen

Horn
Kämme
Brieföffner
Haarnadeln
Signalhörner
Souvenirhörnli

Knochen
Knochenmehl
Leim
Dünger

Milch
Frisch- und Pastmilch
Rahm
Butter
Joghurt, Kefir
Quark
Käse

Abfall
Sehnen
Augen
Hufe
Knochen (zum grössten Teil)
Zähne
Därme/Innereien

3. Anregungen für den Unterricht

Materialien

- Arbeitsblatt 1: Verwertung des Bisons
- Lesetext 1: Der Bisongeist
- Dia Nr. 4

Einstiegsmöglichkeit

● Die Lehrkraft führt ihre Klasse aufgrund der thematischen Grundinformation in Lebensweise und Funktion des Bisons ein.

Thematische Vorschläge

● Das Arbeitsblatt 1 «Verwertung des Bisons» zeigt im Bild, wie und wozu Bestandteile des Bisons von den Indianern genutzt worden sind. (Aufschlüsselung der Nummerierung vgl. S. 51)

● Arbeitsgruppen sammeln (z.B. in der Schulbibliothek) Informationen über das europäische Hausrind. Es kann auch vom Bild eines Rindes ausgegangen und gemeinsam erarbeitet werden, welche Teile verwertbar sind. Bei wem bzw. wo sind nähere Auskünfte über die verschiedenen Herstellungsprozesse erhältlich?
- Haut und Fell: Ledergeschäft, Kürschner, Schuhmacher, Bauer
- Fleisch, Hörner, Knochen, Abfallprodukte: Schlachthof, Metzger, Bauer, Landwirtschaftliche Genossenschaft

Die Auswertung kann evtl. auch durch eine kleine Ausstellung der entsprechenden Gegenstände (von der Lederbrieftasche bis zum Kamm aus Horn) veranschaulicht werden.

● Vergleich zwischen der Verwertung des Hausrindes und des Bisons.

● Herstellung eines Portemonnaies aus einem Stück Rindsleder: Auf Papier wird ein «Schnittmuster» für das herzustellende Portemonnaie entworfen, bevor das Leder zugeschnitten und zusammengenäht wird.

● Falls genügend Zeit zur Verfügung steht, kann zum Abschluss der Mythos der Dakota «Der Bisongeist» (vgl. Lesetext 1) gelesen und besprochen werden.

Verwertung des Bisons

Jagd vom Zug aus

Die Bisonjagd

Eines Morgens machte der Ausrufer eine Runde im Dorf und gab kund, wir würden das Lager abbrechen. (...) «Jetzt brecht sie ab!» schrie der Ausrufer. Und alle Leute begannen ihre Tipis herunterzunehmen und auf Travois zu packen. Dann rief der Ausrufer: «Viele Bisons habe ich gehört! Viele Bisons habe ich gehört! Ihr Kinder, nehmt euch immer in Acht!» Er meinte damit, die Kinder sollten während der Reise eng zurückgehalten werden, auf dass sie die Bisons nicht erschreckten.

Darauf brachen wir das Lager ab und stellten uns in Zugordnung. Es gingen die vier Ratskundigen an der Spitze, hinter ihnen ein Ausrufer, als nächste die Häuptlinge und dann in langem Zuge das Volk mit den beladenen Travois; ihnen folgte die Pony-Herde. Ich ritt in der Nähe des Nachtrabs mit einigen von den kleineren Jungen. (...)

Als die Sonne hoch stand, fanden die Ratsleute einen für das Lager geeigneten Ort, wo es Holz und auch Wasser gab. Als rings herum die Frauen kochten, hörten wir, die Kundschafter kehrten zurück, und über den Hügelkamm sah ich drei Männer herreiten. Sie ritten zum Rats-Tipi in der Mitte des Dorfes, und alle gingen dorthin, um etwas zu vernehmen. (...) Der Ausrufer trat aus dem Ratszelt heraus und sagte, für die Kundschafter zum Volk sprechend: «Ich habe dich beschützt; dies sollst du mir mit reichlichen Gaben entgelten.» Darauf setzten sich die Kundschafter vor der Tür des Zeltes nieder, und einer von den Ratgebern füllte die heilige Pfeife mit Tschanschascha, der Borke der roten Weide, und stellte sie vor sich auf ein Stück Bisonhaut, weil der Bison heilig war und uns beides gab, Speise und Obdach. Dann zündete er die Pfeife an, weihte sie den vier Himmelsgegenden, dem Geist über uns und der Mutter Erde, reichte sie den Kundschaftern und sprach:

«Das Volk hat sich auf euch verlassen. Was immer ihr gesehen habt, mögt ihr es zum Wohl des Volkes gesehen haben.» Die Kundschafter rauchten zum Zeichen, dass sie die Wahrheit berichten wollten. Dann fragte der Ratskundige: «An welchem Ort habt ihr gestanden und habt das Gute gesehen? Sagt es mir, und ich werde mich daran erfreuen.»

Einer der Kundschafter antwortete: «Ihr wisst, von wo wir aufgebrochen sind. Wir gingen und langten auf der Kuppe eines Hügels an und dort sahen wir eine kleine Bisonherde.» Er machte, während er sprach, mit der Hand eine deutende Bewegung. Der Ratgeber entgegnete: «Mag sein, dass ihr dort auf der andern Seite das Gute gesehen habt. Berichtet!» Der Kundschafter gab zur Antwort: «Dort auf der andern Seite sahen wir eine zweite, grosse Bisonherde.» Darauf sagte der Ratgeber: «Ich werde dir dankbar sein. Erzähle mir alles, was du dort draussen gesehen hast.» Der Kundschafter fuhr fort: «Auf der andern Seite waren über das ganze Land hin nur Bisons zu sehen.» Und der Ratgeber rief aus: «Hetschetu ueloh!»

Und jetzt rief der Ausrufer, und es klang wie Gesang: «Schärfet eure Messer, schärfet eure Pfeile. Beeilt euch, macht euch bereit; macht die Pferde bereit! Wir greifen mit Pfeilen an. Viel Fleisch werden wir erbeuten!»

Jedermann fing an, Messer und Pfeile zu schärfen und die besten Pferde für die grosse Fleischbeute bereit zu machen. Dann machten wir uns auf nach der Gegend, wo die Bisons grasten. Zuerst kam der Trupp der Krieger: Sie ritten ihrer zwanzig nebeneinander, und wer es wagte, ihnen vorzureiten, der wurde von seinem Pferd gestossen. Sie bestimmten die Ordnung, und jedermann hatte zu gehorchen. Nach ihnen kamen die Jäger, die zu fünfen nebeneinander ritten. Das Volk folgte im Nachtrab. Dann ging der Obmann des Rates herum, um die besten Jäger mit den stärksten Pferden herauszusuchen; er sagte zu ihnen: «Gute junge Krieger, meine Verwandten, ich weiss, was ihr leistet, ist gut. Was ihr tut, ist immer gut; so werbung führten. Der eine Junge hiess nachher: «Er-fing-die-Klapper-schlange», der andere: «Vom-Hirschkalb-getreten». Die Hauptfigur der Geschichte selbst hiess zuerst «Hakada» und erhielt später auf folgende Weise den Namen «Ohijesa» (d.h. der Sieger): An einem Sommerfest wurde ein Wettkampf durchgeführt, ein Lacrosse-Spiel, ein unserem Landhockey ähnliches Spiel, das noch heute vor allem in Kanada gespielt wird. Es wurde vereinbart, dass die Gruppe der Sieger einem ihrer Knaben den Namen «Ohijesa» verleihen dürfe.

Monatsnamen

Innerhalb eines indianischen Volkes gab es oft verschiedene Bezeichnungen für die Monate. Meistens schildern sie auf verständliche Art Ereignisse der betreffenden Monate, z.B. März = Monat der kranken Augen. Erklärung: Durch die starke Sonneneinwirkung in diesem Frühlingsmonat wurden viele Indianer schneeblind. Dezember = Monat der krachenden Bäume; Erklärung: Im Winter konnte es so kalt werden, dass die Bäume einfroren und die Stämme gesprengt wurden.

Bei einigen Namen lässt sich aber keine Erklärung finden, so dass die Schüler/innen ihre Phantasie walten lassen dürfen. Die Bezeichnungen sind alle dem Buch *Ich rufe mein Volk* (Black Elk, 1974) entnommen.

3. Anregungen für den Unterricht

Materialien

- Arbeitsblatt 13: Namen und Namengebung
- Lesetext 3: Der Knabe als Jäger (Unterrichtsthema *Jagdmethoden*, S. 67f.)
- Lesetext 5: Winona: Seine Taufe

Thematische Vorschläge

● Um die Schüler bei ihren Überlegungen, wie die Indianer zu ihren Namen kommen oder welche Bedeutung sie ihren Namen überhaupt beimessen, zu unterstützen, informiert die Lehrkraft unter Zuhilfenahme der Lesetexte 3 und/oder 5 zuerst über die Hintergründe der indianischen Namengebung. Dann versuchen die Schüler in Gruppen zu einzelnen der auf dem Arbeitsblatt 13 aufgeführten Namen eine Geschichte zu erfinden oder auszudenken, die erzählt, wie der betreffende Träger seinen Namen erhalten hat. Austausch im Plenum.

● Eine einfache Lesebuch- oder Kindergeschichte mit «normalen» Namen dient als Vorlage, um die Schüler passende indianische Namen erfinden zu lassen. Als anspruchsvolle Aufgabe ist denkbar, die ganze Handlung auf indianische Verhältnisse zu übertragen, was allerdings bereits einen längeren Umgang mit dem Thema voraussetzt.

● Die Schüler/innen suchen in Gruppen zu einigen Monaten passende Namen aus ihrem Erlebnisbereich, z.B. Juli = Monat der offenen Schwimmbäder. Die Vorschläge werden an der Tafel festgehalten. Dann schreibt die Lehrkraft einige Beispiele indianischer Monatsnamen an die Tafel und lässt die Schüler raten, welche Monate damit gemeint sind.

● Anhand des Arbeitsblattes 13 versuchen die Schüler/innen (auch als Gruppenarbeit möglich) herauszufinden, wie die indianischen Monatsbezeichnungen entstanden sind. Sicher lassen sich Vergleiche mit andern (europäischen) Kalendern, evtl. sogar mit unseren alten Mundart-Monatsnamen anstellen.

● Schriftliche Auswertungsmöglichkeiten: Jede/r Schüler/in wählt einen Monat aus und erfindet eine kurze Geschichte dazu.

● Zum Lesetext 5: «Winona: Seine Taufe»:

Reichtum und Armut waren in der Dakota-Gesellschaft durchaus möglich, doch wurde die Differenz mit grosszügiger Streuung des Besitzes wieder ausgeglichen. Grosszügigkeit war eine Tugend, mit der man sich grosses Ansehen erwerben konnte. So war es selbstverständlich, den Alten, Schwachen und Bedürftigen Gaben zu verteilen, seien es Anteile von der Jagdbeute, seien es andere notwendige materielle Güter (vgl. auch Lesetext 2: Die Bisonjagd).

Namen und Namengebung

Verschiedene Indianernamen

Machpiato	Blauer Himmel
Makatah	Auf der Erde
Ejatonkaui	Sie, deren Stimme man weithin hört
Douanhotaninwin	Frau, deren Stimme im Gesang gehört wird
Matosapa	Schwarzer Bär
Tatakaota	Viele Bisons
Matoska	Weisser Bär
Tschetan Gitika	Mutiger Falke
Hinhankagaduta	Rote Eule
Schunkaska	Weisser Hund
Anpetu Schotoschu	Rauchiger Tag
Tatokala	Antilope
Wambli Tschintscha	Junger Adler
Schunka Tamahetscha	Magerer Hund
Mato Noupa	Zwei Bären
Sujamani	Er zieht in den Krieg
Tipiska	Weisses Zelt
Matosi	Gelber Bär
Tauasuota	Er, der viel Muschelgeld hat
Kangipa	Krähenkopf
Tschankpijuha	Er behält die Keule
Makato	Blaue Erde
Wischaui	Rote Sonne

Durch Vergleich einzelner Silben kannst du die Bedeutung einzelner indianischer Wörter ableiten. Zum Beispiel: Machpiato / Makato > to = blau

Monatsnamen der Oglala-Lakota

Januar	Monat des Frosts im Tipi Monat der Schwierigkeiten
Februar	Monat des dunkelroten Kalbes
März	Monat des Schneeblinden Monat der kranken oder schlimmen Augen
April	Monat des erscheinenden (roten) Grases
Mai	Monat, wenn die Ponies werfen
Juni	Monat, der fett macht Monat des Gedeihens
Juli	Monat der roten Kirschen Monat, wenn die Kirschen reif sind
August	Monat, wenn die Kirschen schwarz werden
September	Monat, wenn den Kälbern Haare wachsen Monat des schwarzen Kalbes Monat, wenn die Pflaumen rot sind
Oktober	Monat der wechselnden Jahreszeit
November	Monat der fallenden Blätter
Dezember	Monat der krachenden, platzenden Bäume

Europäische Monatsnamen

Römisch		Karl der Grosse	
Ianuarius	(1)	Wintarmanoth	(1)
Februarius	(2)	Hornung	(2) c
Martius	(3)	Lenzinmanoth	(3)
Aprilis	(4)	Ostarmanoth	(4)
Maius	(5)	Wunnimanoth	(5) d
Iunius	(6)	Brâchmanoth	(6)
Quintilis	(7) a	Hewimanoth	(7)
Sextilis	(8) b	Aranmanoth	(8) e
September	(9)	Witumanoth	(9) f
October	(10)	Windumemanoth	(10)g
November	(11)	Herbistmanoth	(11)
December	(12)	Heilagmanoth	(12)

a) nach J. Cäsar in «Julius» umbenannt; b) nach Cäsars Nachfolger in «Augustus» umbenannt; c) der (in der Anzahl Tage) zu kurz Gekommene (nach Duden); d) Weidemonat; e) Erntemonat; f) Holzmonat; g) Weinlesemonat.

(Aus: *Brockhaus Enzyklopädie*, Bd. 15, 1991)

Winona: Seine Taufe

«Tschinto, uijanna! Ja, ja, fürwahr! Es ist ein richtiges kleines Mädchen!» sagt die alte Grossmutter, als sie das zarte kleine Wesen in Empfang nimmt und aufmerksam betrachtet. «Ah! Die Nase ihrer Ahnen! Lippen, so dünn wie ein Blatt, und Augen, so glänzend wie Wintersterne», ruft sie aus, als sie das in Pelz gewickelte kleine Bündel der anderen Grossmutter reicht.

«Toki! Sie ist so niedlich, dass der Abendstern ihr zuzwinkern wird», bemerkt die andere Grossmutter lächelnd. «Und wie soll sie heissen?» «Nun, natürlich Winona, die Erstgeborene; das ist ihr gutes Recht.» «Pst! Vielleicht ist der Name nichts für sie. Erst muss sie sich würdig erweisen, diesen ehrenvollen Namen zu tragen.» «Uh», meint die erste Grossmutter ein wenig beleidigt. «Jedenfalls kann sie ihn zur Probe bekommen.» «Tosch, tosch! Ja, Ja!» stimmt die andere zu. Auf diese Weise hat die kleine Winona, ohne es zu wissen, den ersten Akt der indianischen Taufe erlebt.

Dann wickelt man sie in ein weiches, weisses Stück Hirschleder, das mit zarten Schilfblütenfasern gut gepolstert ist, und schnürt sie fest in den mit Wildhufen und Stachelschweinborsten reich verzierten und befransten Hirschledersack, der an einem Brett befestigt ist. Diese reich geschmückte Kindertrage wird der zweiten Grossmutter auf den Rücken gehängt, und dann wandert die würdige Frau mit dem Neugeborenen davon.

«Du musst mit mir kommen», sagt sie. «Wir gehen zu den Vätern und Müttern, den Bäumen; du sollst sie hören in ihrer tausendfachen Sprache, damit du sie dein Leben lang verstehst. Ich will deine Wiege an der Utuhu, der Eiche, aufhängen; du sollst auch die Liebesseufzer des Tannenmädchens hören.» In dieser Weise wird Winona der Natur vorgestellt und nach den Anschauungen der Indianer mit ihr vertraut.

«Da! Nimm sie!» sagt die Alte, als sie mit ihr aus den Wäldern zurückkommt. Sie gibt das Kind seiner Mutter, die im Schatten einer Ulme so ruhig dasitzt, dass man kaum glauben kann, dass sie soeben dem tapferen Tschetanska, dem Weissen Falken, ein Töchterlein geschenkt hat. «Sie hat ein niedliches Gesichtchen, so zart und unschuldig wie ein Hermelin», fügt die Grossmutter freundlich hinzu.

Für einige Monate heisst das Kind Winona, dann wird der Medizinmann aufgefordert, Tschetanskas erstgeborenem Töchterlein öffentlich einen Namen zu geben. Natürlich erhält er dafür ein gutes Geschenk, ein treffliches Pony und eine schön bemalte Bisondecke.

Man wählt meistens ausser dem Namen «Winona» («die Erstgeborene») noch einige andere Namen; der erste kann aber, wenn sich das Mädchen dessen würdig erweist, später wieder angenommen werden. Der Name Winona bringt viele Verpflichtungen mit sich. Er bedeutet: gütig, hilfreich, mitleidsvoll sein, all das, was einer Ältesten vonnöten ist.

Der Herold macht seinen Rundgang im Lager. Singend kündet er die Taufe an und lädt alle zum Festschmaus. Eine indianische Taufe ist ein grosses Ereignis. Die Armen erhalten viele Geschenke und Almosen. Ein Kind aus guter Familie wird seinem Stamm immer wieder bei jedem kleinen Fortschritt seines Lebens, dem ersten Laufen, dem ersten Schwimmen, ins Gedächtnis gerufen; bei einem Knaben gibt der erste Schuss mit Pfeil und Bogen, bei einem Mädchen das erste Paar selbstgearbeiteter Mokassins Anlass zu einem Fest und zum Geschenkverteilen.

So erhält Winona ihren zweiten Namen: Tatiopa, das heisst: «Ihre Tür». Er ist symbolisch wie die meisten indianischen Namen und bedeutet, dass ihre Tür stets gastlich offen und ihr Heim anziehend sein soll.

(Gekürzt, aus: Charles Eastman, *Winona*. Frankfurt a/M 1977)

Vom Recht, Indianer zu sein

1. Begründung und Ziel

Eine Behandlung der Prärie- und Plains-Indianer im Unterricht ist undenkbar ohne markanten Einbezug ihrer Gegenwartssituation. Diese ist gekennzeichnet durch eine seit den 60er Jahren intensiv geführte Auseinandersetzung um Selbstbestimmung und Unabhängigkeit. Das Beispiel der nordamerikanischen Indianer kann als stellvertretend für viele andere ethnische bzw. indigene Minderheiten stehen, die durch die Umstände gezwungen wurden resp. sind, einen oft nahezu aussichtslosen Kampf ums Überleben zu führen.

Um Schülerinnen und Schüler für die Gegenwartssituation der Indianer zu sensibilisieren, ist ein schrittweises Vorgehen zu empfehlen. Sind sie erst einmal mit Hilfe von Hintergrundinformationen und authentischen Medienzeugnissen auf die wirklichen Verhältnisse der heutigen indianischen Bevölkerung aufmerksam geworden, führt der nächste Schritt zur Einsicht, dass Formen von Abwehr und Ausgrenzung eigentlich überall anzutreffen sind, wo Minoritäten verfolgt und unterdrückt werden.

Auch bei uns geraten Mehrheiten immer wieder in Versuchung, Minderheiten zu stigmatisieren, um auf deren Kosten die eigene Identität zu stärken. Da diese versteckte oder auch offene aggressive Haltung u.a. mit unseren eigenen Ängsten, Vorurteilen und Machtansprüchen zu tun hat, sollten die Schülerinnen und Schüler sich allmählich Klarheit über ihre je eigene Zugehörigkeit oder Identität verschaffen, soweit dies vom Alter her überhaupt möglich ist.

Denn nur wenn ihnen bewusst geworden ist, was Heimat-, Zugehörigkeits- und Selbstwertgefühl für sie persönlich bedeuten, werden sie in die Lage versetzt, den notwendigen Transfer zu einer aussenstehenden, ihnen fremden Minorität zu leisten. Dabei dient die Forderung «Vom Recht, ein Indianer zu sein» als exemplarisches Beispiel für das legitime «Recht, anders zu sein». Der Kampf der nordamerikanischen Ureinwohner will ja nicht nur den grundsätzlich und weltweit gültigen «Allgemeinen Menschenrechten» in den USA und in Kanada Nachachtung verschaffen, da ihnen der Schutz durch die Menschenrechte nach wie vor nicht garantiert ist. Ebenso kämpfen sie um neue Sonderrechte für indigene Völker, befinden doch gerade sie sich immer noch in einer quasi-kolonialen Situation.

2. Thematische Grundinformation

Aus diesen grundsätzlichen Überlegungen geht klar hervor, dass die Beschäftigung mit der «Gegenwartssituation» der Prärie- und Plains-Indianer resp. der nordamerikanischen Indianer nicht einfach dazu verführen darf, diese direkt und oberflächlich mit der gegenwärtigen Situation in der Schweiz zu vergleichen. Denn dies verbietet allein schon die je eigene Geschichte jeder Kultur nicht weniger als die Tatsache, dass Kulturen sich nicht einfach zeitverschoben, sonst aber in etwa analoger oder zumindest ähnlicher Weise entwickeln. Nichts wäre verfehlter, als beispielsweise davon auszugehen, die Entwicklung der nordamerikanischen Indianer hinke der mitteleuropäischen Kultur um einige Jahrhunderte hinterher.

Dessen ungeachtet können bestimmte historische Ereignisse aus der Schweizer Geschichte etwa im Zusammenhang mit den Freiheits- und Unabhängigkeitskämpfen gegen Unterdrückung und Fremdherrschaft (vgl. Bundesbrief) durchaus zur Illustration gewisser vergleichbarer Verhältnisse beigezogen werden. Denn wurden nicht auch unsere Vorfahren einst unterdrückt, lebten in verschiedenen Gebieten unter verschiedenen Bedingungen neben- und noch nicht miteinander? Mussten nicht auch sie eine lange Entwicklung durchlaufen, bis sie sich am Ende als eine mehr oder weniger homogene Gemeinschaft von Schweizern

ten Haltung ist wohl nichts beizufügen – das Erlebnis dürfte für die Schüler umso nachhaltiger sein, je genauer sie schon im voraus den Inhalt der gesungenen Liedtexte verstanden und gemeinsam diskutiert haben.

● Als wertvolle Ergänzung können die nachstehend genannten (Video-)Filme empfohlen werden:

Indianersommer in Genf
Dieser Film eignet sich mit Einschränkungen für die Oberstufe.

Er berichtet über die Anliegen der amerikanischen Ureinwohner, die sie an speziellen Konferenzen der UN-Menschenrechtskommission vorgetragen haben. Ein Interview mit Jimmie Durham, einem Cherokee aus den USA, befasst sich vor allem mit der allgemeinen völkerrechtlichen Problematik der Ureinwohner. Sodann werden Beispiele weiterer lokaler und regionaler Menschen- und Landrechtsfragen (in Brasilien, Bolivien, Guatemala, Hawaii) geschildert.

Produktion und Regie: Volkmar Ziegler und Pierrette Birraux, Schweiz 1986. Dokumentarfilm, farbig, deutsch gesprochen, 50 Minuten, Video VHS, Fr. 25.– Verleih: Zoom, Erlachstr. 21, CH-3000 Bern 9, Tel. 031/301 01 16, Fax 031/301 28 60.

Zum Verständnis des Videofilms sind zusätzliche Erläuterungen erforderlich, wie sie dem Kapitel «Gegenwartssituation» entnommen werden können (vgl. auch Gerber 1986, darin den Beitrag von Arno Wohlgemuth, und Gerber 1993, darin den Beitrag von Lars T. Søftestad).

Der Wolf ist mein Bruder: Indianer in den USA
Dieser Film ist frühestens ab dem 7. Schuljahr mit Gewinn einsetzbar (vgl. auch Schierle 1981).

So heisst eine andere Videokassette zur Situation der nordamerikanischen Indianer. Im Mittelpunkt dieses Films steht das «Red School House» (Das Rote Schulhaus), eine von Indianern geleitete Privatschule für Indianerkinder in St. Paul, Minnesota (USA). Der Schulleiter berichtet von seinen Bemühungen, Kinder der in den Städten lebenden Indianer zur Traditionspflege zu erziehen. Stellvertretend für die Schüler des Red School House werden Nancy und Charly gezeigt. Ihre Familie gehört zu den «Traditionalisten», die sich mit aller Kraft bemühen, ihre indianische Identität zu erhalten. Kontrapunktisch zu den Schülern des Red School House werden Clyde und seine Familie vorgestellt, die mit dem «Indianerzeug» nichts zu tun haben wollen. Der Film endet mit Bildern von einem grossen Indianertreffen, bei dem die alten Trachten und Tänze zu sehen sind. (Nach dem Begleittext zu der vom Institut für Film und Wissenschaft und Unterricht, München, herausgegebenen Videokassette.)

Produktion: FWU Verlag, Grünwald 1986. Dokumentarfilm, farbig, Deutsche Bearbeitung; 59 Minuten; Video VHS.

Verleih: Mediothek des Pestalozzianums, Beckenhofstr. 31, 8035 Zürich, Tel. 01/368 45 45. Für Mitglieder des Pestalozzianums gratis.

Botschaft der Urvölker an die Welt: Indianer
Ab etwa 14 Jahren

Indianer aus einem kanadischen Reservat erzählen als Vertreter eines getretenen und vergessenen Volkes von ihrer Geschichte, Kultur und Religion, von ihren Visionen über das Gestern, Heute und Morgen der Welt und von ihrem Verhältnis zur Mutter Erde und der modernen westlichen Zivilisation.

In einer von eindrücklichen Bildern untermalten dringlichen Botschaft geben sie das heilige Wissen ihrer Vorväter an die ganze Menschheit weiter, die vom Pfad des Lebens abgekommen ist und im Begriff steht, sich selbst zu zerstören, und den Respekt für die Schöpfung verloren hat. Ihr Problem ist primär nicht die Diskriminierung der roten Völker, sondern die Notwendigkeit eines neuen ökologischen und völkerverbindenden Handelns und Denkens. (Zitiert nach dem Verleihkatalog.)

Produktion: Faust Film GmbH München, BRD 1990; Regie: Pierre Hoffmann; Buch: Pierre Hoffmann und Art Solomon. Dokumentarfilm, farbig, Originalton deutsch übersprochen, 52 Minuten, Video VHS, Fr. 30.–

Verleih: Zoom, Erlachstr. 21, CH-3000 Bern 9, Tel. 031/301 01 16, Fax 031/301 28 60.

Kinder von Wounded Knee
Ab etwa 12 Jahren

Ausgehend von der Geschichte des Indianerreservates Pine Ridge in den USA, erzählt der Film von der heutigen Situation in einem Sioux-Reservat, von den Ursachen, die zur Besetzung von Wounded Knee 1973 führten und deren Folgen auch heute noch nicht beseitigt sind. Er analysiert die Methoden kultureller und wirtschaftlicher Beeinflussung dieses Volkes durch die Weissen und verweist auf die katastrophalen Resultate solcher Bemühungen. (Zitiert nach dem Verleihkatalog.)

Produktion: Deutsche Film- und Fernsehakademie, Berlin, Teldok, Stuttgart, BRD1975; Regie: Heidi Knott; Kamera: Peter Krieg. Dokumentarfilm, farbig, deutscher Kommentar; 30 Minuten, Lichtton, 16mm, Fr. 35.–.

Verleih: Zoom, Erlachstr. 21, CH-3000 Bern 9, Tel. 031/301 01 16, Fax 031/301 28 60.

Im Geist von Häuptling Crazy Horse
Ab etwa 14 Jahren

Der Mount Rushmore in den Black Hills (Schwarze Hügel) ist eine Touristenattraktion. Mit seinen in den Fels gehauenen Köpfen der ersten US-Präsidenten verkörpert er einen «Schrein der Demokratie». Die Black Hills wurden seinerzeit den Lakota-Indianer/innen geraubt. Der oberste Gerichtshof der USA hat 1980 diese Enteignung als einzigartigen Fall von schädlichem und unehrenhaftem Handeln in der Geschichte der USA bezeichnet und den Sioux eine Entschädigung von 122 Millionen zugesichtert. Doch praktisch alle Indianer und Indianerinnen lehnen heute die Entschädigung ab. Sie schliessen sich den Worten von Crazy Horse an, der sagte: «Man verkauft das Land nicht, in dem das eigene Volk lebt.»

Der Film dokumentiert mit vielen historischen Aufnahmen den Kampf der Lakota-Indianer/innen des letzten Jahrhunderts bis zur Widerstandsbewegung AIM, die Anfang der 70er Jahre trotz verbreiteter Hoffnungslosigkeit und Resignation mit spektakulären Aktionen ein neues indianisches Bewusstsein schufen. (Zitiert nach dem Verleihkatalog.)

Produktion: PBS, USA 1990; Regie: Michael Dubois, Kevin McKerman und James Locker. Dokumentarfilm, farbig, deutsch synchronisiert, Video VHS, 45 Minuten, Fr. 25.–.

Verleih: Zoom, Erlachstr. 21, CH-3000 Bern 9, Tel. 031/301 01 16, Fax 031/301 28 60.

Wo ich zu Hause bin (Where The Spirits Lives)
Ab etwa 12 Jahren

1937 im Reservat der Blackfoot-Indianer im Westen Kanadas. Per Flugzeug werden indianische Kinder gegen ihren Willen von Weissen weggebracht. Unter ihnen sind auch Komi und ihr jüngerer Bruder Pita. In einem anglikanischen Internat versucht die Schulleitung mit Drill und drakonischen Strafen den Kindern alles Tradtionelle auszutreiben.

Ein Fluchtversuch wird schnell aufgedeckt und den Kindern wird mitgeteilt, dass ihre Familie an einer Seuche im Dorf gestorben und das Reservat evakuiert sei. Mit Unterstützung ihrer Freundin Rachel und einer neuen Lehrerin wird Komi schnell zur Vorzeigeschülerin. Eine Mäzenin der Schule will sie adoptieren. Alle Vorbereitungen sind getroffen, da erzählt die Freundin Komi von dem Gespräch, das sie heimlich belauscht hat. Demnach ist die Seuche im Reservat eine Erfindung des Schulleiters. Die Familie lebt noch. Als ihre künftige Adoptivmutter Komi abholen will, hat diese sich mit ihrem Bruder längst auf den Weg nach Hause gemacht. (Zitiert nach dem Verleihkatalog.)

Produktion: Amazing Spirit, Productions Ltd., Kanada 1989; Regie: Bruce Pittman; Buch: Keith Ross Leckie, Kamera: René Ohashi; Musik: Buffy Sainte-Marie; Darsteller: Michelle St. John, Clayton Julia, Ron White, Anne-Marie MacDonald u.a.
Spielfilm, farbig, deutsch synchronisiert, 97 Minuten, Lichtton, 16mm Fr. 160.–, Video VHS Fr. 50.–.

Verleih: Zoom, Erlachstr. 21, CH-3000 Bern 9, Tel. 031/301 01 16, Fax 031/301 28 60.

Identität und Selbstbestimmung – Fünf Zugänge zur Gegenwartssituation

Zugang 1: Eine indianische Familie in zwei Kulturen

V.l.n.r. Pflegetochter Raven, Rebecca, Melanie, Clarence, Krystin, Melissa, Barbara

Barbara und Clarence Nepinak verkörpern eine neue Generation von Indianern: Sie sind einerseits bildungsmässig und beruflich gesehen voll in die kanadischen Gesellschaft eingefügt, anderseits leben sie ihre indianische Identität mit Stolz und Selbstbewusstsein. Sie tragen aktiv zur Wiederbelebung indianischer Tradition bei, sei es in kultureller und religiöser Hinsicht, sei es in ihrem sozialen Engagement. Barbara und Clarence haben ein offenes Haus für ihre zahlreichen Verwandten und Freunde und nehmen ab und zu ein Pflegekind auf.

Die Familie Nepinak, die zur Volksgruppe der Saltaux-Ojibwa gehört, lebt in Winnipeg, der Hauptstadt der Provinz Manitoba. Der Bevölkerungsanteil der Ureinwohner beträgt in dieser Stadt mit 625 000 Einwohnern über 10%, davon sind 45 000 registrierte Indianer und Indianerinnen. Die meisten von ihnen sind aus ihren Heimatreservationen in die Stadt gezogen, um bessere Ausbildungs- und Berufsmöglichkeiten zu finden. Auch Clarence und Barbara Nepinak sind hier zur Schule gegangen und haben ihre berufliche Ausbildung erhalten.

Barbara wurde 1952 in Winnipeg geboren, als Angehörige der Reservation Ebb-and-Flow, die rund 210 km nordwestlich von Winnipeg liegt. Nach der Oberschule (Highschool) wurde sie Sekretärin. Im Verlauf der Zeit stieg sie in einem staatlichen Amt zur Vermittlung von Stellen für Indianer zur Sachbearbeiterin auf. In letzter Zeit hat sie im Auftragsverhältnis bei der Menschenrechtskommission der Provinz und für Elijah Harper, einen landesweit bekannten indianischen Parlamentarier, gearbeitet. Für Barbara sind Beruf und Familie immer sich ergänzende Lebensbereiche, auch wenn sie ihren vier Töchtern manchmal etwas mehr Zeit widmen möchte.

Clarence wurde 1949 in der Reservation Pine Creek geboren, die rund 380 km nordwestlich von Winnipeg entfernt liegt; sein Nachname Nepinak bedeutet in der Ojibwa-Sprache Sommerbär. Er wurde schon mit 13 Jahren in ein staatliches Internat bei Winnipeg gesteckt. Nach der Oberschule liess er sich zum Hochbauzeichner ausbilden, erhielt 1977 ein Stipendium am College der Mennonitischen Kirche, doch musste er wegen Streichung des Stipendiums im dritten Studienjahr die Ausbildung abbrechen. Er wechselte an die University of Manitoba, wo er im November 1983 nach einem vierjährigen Studium den «Bachelor of Education» erwarb.

Nach diesem Studiumsabschluss in Pädagogik war er zuerst einige Jahre Lehrer an einer speziellen Schule, die Erwachsenen (auch indianischen) die Möglichkeit bietet, die in der Jugend abgebrochene Ausbildung nachzuholen und die Oberschule abzuschliessen. Seit 1991 ist er im regionalen Büro des bundesstaatlichen Gesundheitsministeriums angestellt als Berater für indianische Fragen und als Animator für junge Indianer/innen, die zu

Clarence Nepinak wird das «Bachelor»-Diplom durch die Präsidentin der University of Manitoba überreicht.

einer Ausbildung als Krankenschwester bzw. Krankenpfleger ermutigt werden sollen. Barbara und Clarence engagieren sich zudem stark im kulturellen bzw. religiösen Bereich und setzen sich für eine zweisprachige und bikulturelle Erziehung und Bildung für Indianerkinder ein. Clarence stellt indianischen Schmuck im Navajo-Stil her, Barbara gelegentlich kleinere Schmuckstücke aus Perlen und Stachelschweinborsten, z.B. Ohrschmuck.

In den vergangenen 25 Jahren hat Clarence eine starke Wandlung durchgemacht. Dem katholischen Glauben zunehmend entfremdet, suchte er vorerst in der Peyote-Religion nach seinen indianischen Wurzeln. Die Peyote-Religion ist eine Mischung aus christlichen und indianischen Elementen und ist für viele Indianer eine Zwischenphase auf ihrem Weg aus dem Christentum zurück zur traditionellen Religion. Auch Clarence besann sich seiner traditionellen Herkunft aus der Ojibwa-Religion. Es wurde ihm klar, dass er ein Pfeifenmann werden musste, und Anfang der 80er Jahre erhielt er seine erste Pfeife mit einem schön geschnitzten Kopf aus Catlinit-Stein. Er führt seine Pfeifenzeremonien im familiären Rahmen durch. Die Teilnehmer und Teilnehmerinnen reinigen sich seelisch-geistig – spirituell –, danken den spirituellen Helfern für ihre Hilfe und bitten sie um Unterstützung (z.B. gegen eine Krankheit, bei einer Prüfung oder auf einer langen Reise). Clarence wird immer häufiger auch als spiritueller Ratgeber aufgesucht.

Auch Barbara pflegt je länger desto mehr traditionelle Werte, vor allem nach dem Tod ihrer Mutter 1985. Vor Jahren hat sie angefangen, an Powwows teilzunehmen und in einem blauen «Jinglebell»-Kostüm zu tanzen. Im Winter 1993/94 begann sie zusammen mit ihrer ältesten Tochter Melissa Tanzkurse zu geben, da immer mehr Indianerinnen ebenfalls an den Powwows mittanzen möchten, aber die traditionellen Tänze erst wieder lernen müssen.

Die vier Töchter Melissa (1976), Rebecca (1980), Krystin (1983) und Melanie (1986) wurden – den beiden streng katholischen und inzwischen verstorbenen Grossmüttern zuliebe – in der Kirche christlich getauft, doch erhielten sie an speziellen Zeremonien auch einen indianischen Namen, der aber nur den Familienangehörigen bekannt ist. Die vier Mädchen gehen in die Schulen der (weissen) Nachbarschaft. Rebecca ist an der spirituellen Tradition ihrer Familie sehr interessiert und assistiert ihrem Vater bei den Pfeifenzeremonien. Melissa engagiert sich in der indianischen Jugendbewegung.

Zu Hause sprechen Barbara und Clarence in der Regel in ihrer Muttersprache, auch mit ihren Kindern, die Ojibwa zwar verstehen, jedoch meist nur in Englisch antworten bzw. miteinander in Englisch sprechen. Für die Eltern gewinnt aber die Pflege der Muttersprache als gelebte Sprache immer mehr an Bedeutung.

Melissa, Melanie, Barbara und Krystin Nepinak anlässlich eines Powwows in Winnipeg

des Wildreises. Als der kanadische Staat in den 70er Jahren gezielt finanzielle Unterstützung zu leisten begann, übte man diese Tätigkeiten immer weniger aus und kaufte dafür im nächsten Laden billige Nahrungsmittel. So verstärkte die staatliche Sozialfürsorge die Entmündigung und schwächte die Selbstverantwortung. Arbeitslosigkeit und Nichtstun führten oft zur familiären Zerrüttung und zu Alkoholismus.

Die Nachfrage nach Wildreis stieg im gleichen Zeitraum; Händler brachten einzelne Familien dazu, weiterhin Wildreis zu ernten, den sie ihnen zu Spottpreisen abkauften. Diese Situation änderte sich, als in den 80er Jahren die Familie Pitchenese feststellte, dass die Weiterverarbeitung und Vermarktung enorme Gewinne abwirft, da der Wildreis im Laden als Delikatesse recht teuer verkauft wird.

Die Wabigoon Leute fragten sich, weshalb sie ihren eigenen «Manomin», was in der Ojibwa-Sprache «ein Geschenk unseres Schöpfers» heisst, nicht selbst vermarkten sollten.

Mit Hilfe der Entwicklungsorganisation der Mennonitischen Kirche Kanadas und eines engagierten Anwaltes gelang es ihnen nach Jahren, die nötigen Kredite zu erhalten, um die selbstverwaltete Genossenschaft «Kagiwiosa Ma-

Reservation, zum Teil auch in Städten mit hohem indianischen Bevölkerungsanteil, ein Powwow stattfindet, reisen viele gute Tänzer/innen von Powwow zu Powwow. Angesichts der grossen Arbeitslosigkeit sind die ansehnlichen Geldpreise ein willkommener Nebenverdienst und stärken das Selbstwertgefühl oft mehr als die allfälligen Sozialleistungen des Staates.

Je attraktiver die Rahmenveranstaltungen und je grösser die Preissumme, desto mehr Teilnehmer/-innen und Besucher/innen erscheinen an einen Powwow, nicht zuletzt auch weisse Touristen. Ohne Zuschauer wäre ein Powwow nicht denkbar. Dennoch sind die Gefahren der Kommerzialisierung nicht zu unterschätzen. Verkaufsstände mit kunsthandwerklichen Erzeugnisssen wie Mokassins zeugen zwar von Traditionsbewusstsein, doch die neue Tendenz, separate Spielplätze für Bingo und andere Glücksspiele anzubieten, trägt wohl nur wenig zur indianischen Identität bei.

Zugang 4: Kagiwiosa Manomin – ein indianisches Wildreis-Projekt

Um die wirtschaftliche Not in den Reservationen zu mildern, entwickeln Indianer und Indianerinnen immer wieder wirtschaftliche Projekte. Ein bis heute gelungenes Beispiel einer Eigeninitiative ist die genossenschaftlich geführte Wildreisproduktion auf der Wabigoon Lake Reservation in Nordwest-Ontario. Seit Generationen lebten die Ojibwa-Indianer in jener Region von der Jagd, vom Fischfang, vom Sammeln der Beeren und Ernten

nomin Inc.» zu gründen und ein Betriebsgebäude aufzubauen. Dort wird heute der Wildreis geröstet, sortiert, verpackt und verschickt.

Die grössten Abnehmer des Manomin-Wildreises sind Deutschland und die Schweiz. In der Schweiz vertreibt die Handelsorganisation OS3 seit 1987 den Wildreis; OS3 importiert seit längerer Zeit Drittweltprodukte, die nachhaltig produziert und zu fairen Preisen vertrieben werden; mit ihrer garantierten Abnahme des Wildreises hat sie der Kagiwiosa Manomin den unternehmerischen Start und das weitere Überleben erleichtert.

Mit der Anerkennung des Manomin als «biologisches» Produkt – keine Pestizide, keinen Kunstdünger – fand er auch Zugang zum Markt für biologische Produkte. Der Wildreis (Zizania aquatica) ist eine Wassergrasart und hat einen hohen Gehalt an Vitamin B, Eisen, Magnesium und enthält 20mal mehr verschiedenste Spurenelemente und doppelt soviel Eiweiss wie der eigentliche Reis (Oryza sativa), mit dem er weit entfernt verwandt ist.

Traditionellerweise wird der Wildreis im August/September mit dem Kanu geerntet: Die eine Person paddelt das Boot langsam durch die seichten Gewässer, die andere Person biegt mit einem Schlegel einen «Armvoll» Halme über den Bootsrand, drescht mit dem zweiten Schlegel die Körner ins Boot und wiederholt dies im Rhythmus mal von links, mal von rechts. Da die Körner über den Zeitraum eines Monats reifen, fahren die Indianer mit den Kanus vier- bis fünfmal durch ihre «Felder». Ein Teil der Körner fällt auf diese Weise als natürliches Saatgut ins Wasser und gewährleistet somit das Nachwachsen des Wildreises. Diese traditionelle Erntemethode entspricht ganz den modernen Kriterien der «nachhaltigen Nutzung» von Rohstoffen, die garantieren sollen, dass auch noch kommende Generationen davon leben können. Mit der eigenen Wildreisproduktion und -vermarktung wurden wohl ein paar feste Arbeitsplätze und für weitere Leute eine saisonale Beschäftigung während der Ernte geschaffen. Dennoch genügen diese

Paul und Lydia Parenteau von der Wabigoon Lake Gemeinde ernten den Wildreis nach traditioneller Art im Kanu (Paul mit zwei Schlegeln beim Dreschen).

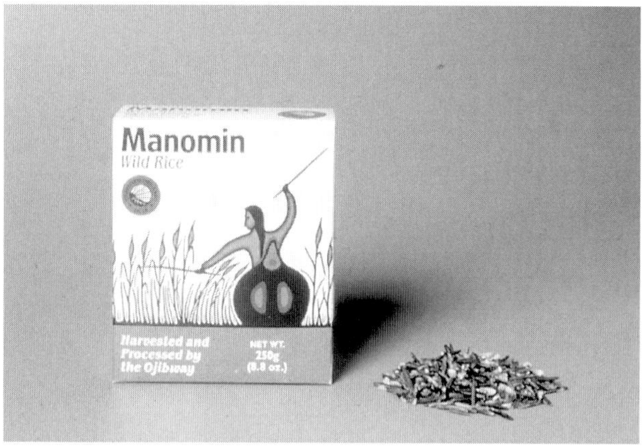

Gerösteter Wildreis von der Wabigoon Lake Gemeinde, offen und in der Verpackung für den Verkauf

Massnahmen nicht, um für die ganze Gemeinde die wirtschaftlichen Probleme zu lösen. Die Wildreisproduktion bedeutet aber nicht nur einen ökonomischen Neubeginn; gleichzeitig wurden die mit der Ernte und Verarbeitung des Wildreises verbundenen Traditionen wiederbelebt, wie die spirituelle Bindung zum Wildreis, die beim Erntedankfest spürbar wird. Dieses Fest wird vor der Ernte mit einer Schwitzhüttenzeremonie und einem Powwow (ohne Tanzwettbewerb) gefeiert.

Zugang 5: Selbstbestimmung in den Reservationen

Sollten die vier vorangegangenen Zugänge ein eher positives Bild der Lebenssituation der indianischen Menschen in Kanada vermittelt haben, so dürfen wir uns davon nicht täuschen lassen. Die Art und Weise, wie zum Beispiel die Familie Nepinak ihr Leben in einem städtischen Umfeld meistert, ist eher die Ausnahme. Die Mehrheit der Indianer und Indianerinnen, ob in der Reservation oder ausserhalb, lebt in schwierigen Umständen. Viele sind arbeitslos, werden oft bei der Arbeits- oder Wohnungssuche herabsetzend behandelt, resignieren schnell, verfallen dem Alkohol, und manch eine Familie zerbricht an diesen Problemen. Wenn wir auf die Lebensbedingungen für die Ureinwohner/innen in städtischen Verhältnissen näher eingehen wollten, müssten wir u.a. auch sehr komplizierte politische und rechtliche Gegebenheiten berücksichtigen, was den Rahmen dieses Textes sprengen würde. Deshalb greifen wir einen andern Aspekt heraus, der vielleicht einen etwas leichteren Zugang verspricht.

Entgegen einer verbreiteten Ansicht, Reservationen (= «Land, das den Indianern reserviert ist») seien ländliche Konzentrationslager, die abgeschafft werden müssten, erachten die Ureinwohner diese als letzte Territorien, die ihnen nach Jahrhunderten der Eroberung und Unterdrückung verblieben sind.

Sie kämpfen deshalb je länger desto engagierter dafür, dass sie ihre Belange in den Reservationen selber bestimmen können. Aber noch immer behandeln die staatlichen Behörden die Indianer und Indianerinnen wie unmündige Kinder; eine riesige Bürokratie kontrolliert das Leben der Ureinwohner bis ins Detail.

Eigentlich war das Ziel der Indianerpolitik immer, die Indianer/innen der kanadischen Kultur anzugleichen und sie als vollwertige Kanadier/innen in die Gesellschaft aufzunehmen. Diese auf den ersten Blick begrüssenswerte Absicht hat aber ihre Kehrseite: Sie liefe darauf hinaus, die Reservationen aufzuheben, das Departement für indianische Angelegenheiten aufzulösen und alle speziellen Unterstützungen für Ureinwohner zu streichen. Die Ureinwohner/innen müssten ihre speziellen Identitätskarten abgeben und verlören auch alle Sonderrechte wie zum Beispiel das fast unbeschränkte Jagd- und Fischfangrecht. Mit der Jagd und dem Fischfang können sich viele Ureinwohner/innen jedoch nach wie vor einen Teil ihrer Nahrung selbst beschaffen.

Gegen diesen «kulturellen Völkermord» – man lässt die Angehörigen eines Volkes zwar am Leben, beraubt sie aber ihrer Identität – leisten die Ureinwohner seit drei Jahrzehnten wachsenden Widerstand. Sie wollen nämlich weiterhin Indianer, Metis oder Inuit bleiben, und vor allem wollen sie selbst bestimmen, in welcher Weise sie ihre Identität beibehalten und gestalten können. Sie wünschen durchaus an den modernen Errungenschaften der «weissen» Kultur teilzuhaben; anderseits wollen sie aber selbst entscheiden, welche Sprache sie in der Schule lernen, welche Religion sie ausüben möchten etc.

Seit der offiziellen Anerkennung ihrer Existenz ringen die Ureinwohner Kanadas um mehr Selbstbestimmung. Dieser Kampf spielt bis in den Sprachgebrauch hinein. War es vor 1980 üblich, den Begriff «Indian Band» für eine Reservationsgemeinschaft zu verwenden, was im Deutschen ziemlich abschätzig mit «Indianische Horde» zu übersetzen wäre, bezeichnen sich die Ureinwohner-Völker heute als «First Nations», als «Erste Nationen». Insbesondere wehren sie sich gegen die Bevormundung durch die spezielle Gesetzgebung, den sogenannten «Indian Act», die

Schild an der Grenze der Reservation, die offiziell Fort Alexander genannt wird. Mit dem Saulteaux-Ojibwa-Wort «Sagkeeng» wird an einen «Versammlungsort» aus früherer Zeit erinnert.

ihr gesamtes Leben regelt. Sie fordern deshalb eine Änderung dieser Gesetze: An Stelle der fast uneingeschränkten staatlichen Bürokratie den Ureinwohnern gegenüber soll jede Reservationsgemeinde sich «selbst regieren».

Die damit verbundenen Wünsche und Forderungen der «Ersten Nationen» sind keineswegs überrissen. In den meisten Reservationen gibt es zuwenig Arbeitsplätze. Da die Ureinwohner/innen als wenig kreditwürdig erachtet werden, können eigene wirtschaftliche Projekte meist mangels Finanzen nicht oder nur sehr schwer verwirklicht werden. Sie erwarten deshalb die gleichen sozialen und finanziellen Dienstleistungen, wie sie für die übrigen Kanadier bestehen, und sie fordern eine verstärkte Förderung der wirtschaftlichen Entwicklung ihrer Gemeinden. Diese Ansprüche werden von staatlicher Seite durchaus akzeptiert, was in den letzten Jahren zu einigen Verbesserungen geführt hat.

Im Weiteren bestehen die Ureinwohner/innen auf die korrekte Einhaltung alter Verträge und auf Entschädigung für begangene Vertragsbrüche. In mehreren Fällen fordern sie Landgebiete zurück, die ihnen widerrechtlich enteignet wurden. Über die Reservationen wollen sie rechtmässig selbst bestimmen und verfügen, und dazu gehören selbstverständlich auch die Ressourcen, die sich auf Reservationsland befinden, wie Öl, Gas, Uran, Holz u.a.m. Doch gerade mit diesen Forderungen tut sich das offizielle Kanada nach wie vor schwer: Immer noch spricht es die Abbaurechte multinationalen Firmen zu, die allzu oft die minimalsten Bestimmungen zur umweltschonenden Nutzung missachten. Die Folge solch unverantwortlichen Raubbaus ist eine katastrophale Verschmutzung von Land,

Zugang 4: Kagiwiosa Manomin – ein indianisches Wildreis-Projekt

- Worin bestanden/bestehen die hauptsächlichsten Schwierigkeiten, um das im Text beschriebene Wildreis-Projekt auf die Beine zu stellen und dann auch mit einigem Erfolg weiterzuführen?

- Welche Voraussetzungen müssen erfüllt sein, damit der Verkaufspreis eines Drittweltprodukts (wie z.B. der Wildreis) auch bei uns als fair bezeichnet werden kann (fairer Handel)?

- Wie können wir der indianischen Bevölkerung resp. Drittweltländern konkret am effizientesten/besten helfen?

- Wieso ist wirtschaftliche Unabhängigkeit ein wichtiger Faktor für die Wiederbelebung alter Traditionen?

- Was ist unter «nachhaltiger», das heisst auf längerfristige Umweltfreundlichkeit ausgerichteter Produktion genau zu verstehen?

- Welche anderen Produkte gibt es, die umweltgerecht und zu einem fairem Endverkaufspreis produziert werden?

- Was gehört zu einem umweltfreundlichen Vertrieb?

Zugang 5: Selbstbestimmung in den Reservationen

- Auch in der Stadt ansässige Indianer/innen gehören zu einer bestimmten, oft weit entfernten Reservationsgemeinde. In welcher Beziehung stehen wir zum in unserem Pass verzeichneten Heimatort, wenn wir dort nicht wohnhaft sind? Wie dürfte es wohl Indianerinnen und Indianern in der gleichen Situation ergehen?

- Wie wichtig ist es, einen Heimatort zu haben? Wann können wir uns mit diesem identifizieren, wann nicht? Wo ist dann unser wirkliches Zuhause?

- Weshalb möchten die Indianer/-innen in ihren Reservationen selbst bestimmen? Wie steht es im Vergleich dazu mit den z.B. in der Schweiz jedem Bürger/jeder Bürgerin zustehenden (Selbstbestimmungs)rechten?

- Ist es richtig, Indianerinnen/Indianern Grundrechte wie zum Beispiel unbeschränkte Jagd- und Fischfangrechte zu gewähren? Wie ist bei uns die Erteilung von Patenten für Jagd und Fischen resp. von Pachtrechten geregelt?

- Wieso bezeichnen sich die Ureinwohner-Völker als «First Nations», d.h. «Erste Nationen»?

- Was unterscheidet die Ureinwohner/innen von europäischen Einwanderern?

- Wie hat sich die Invasion europäischer Einwanderer am Ende ausgewirkt? Weshalb ist die Stellung der Ureinwohner/innen heute immer noch dermassen sichtbar «angeschlagen»?

- Wieso haben es Indianer/innen schwer, für die von ihnen geplante Projekte die nötige Unterstützung zu finden?

- Die Schaffung von Reservationen kann ganz verschiedene Beweggründe haben. Wie stehen wohl die kanadischen «weissen» Bürger/innen dazu, wie die Indianer/innen?

- Welche Vorstellungen verbinden wir mit der Bezeichnung «Reservation» bzw. mit der früher gebräuchlichen Benennung «Reservat»?

Gail Bear erzählt aus ihrem Leben

Kindheit

Ich bin Mitglied der John-Smith-Reservation. Geboren wurde ich 1940 in der nördlichen Reservation Loon Lake. Mein Vater war damals Lehrer im Indianerdorf Island Lake. Man hat mir erzählt, dass wir später mit einem Planwagen von Island Lake nach der Reservation Little Pine gefahren sind. Aus jener Reservation stammte nämlich mein Vater.

Ich erinnere mich sehr gut an meine Grosseltern. Sie lehrten mich unsere Sprache, unsere Bräuche und Sitten. Mein Vater liess uns in Little Pine zurück, um fünf Jahre in der Armee zu dienen. Er wurde nach Übersee geschickt, doch schweigt er sich über seine Erlebnisse als Soldat aus. Er wurde in der Armee zum Radartechniker ausgebildet. Bei seiner Entlassung war er Stabsunteroffizier. Während seiner Abwesenheit war das Leben für meine Mutter schwer. Sie hatte den Lebensunterhalt für uns zu verdienen – wir waren unser drei – und musste gleichzeitig versuchen, uns als Familie zusammenzuhalten. Dies war nicht leicht. Wir lebten teils bei unseren Grosseltern, teils bei einer Tante in der Reservation Cumberland House. Meine Mutter ist der Ansicht, *sie* hätte einen Orden verdient für das, was sie während der Abwesenheit meines Vaters getan hat. Davon lässt sie sich nicht abbringen.

Als mein Vater aus der Armee entlassen wurde, beschloss er, seine Bildung zu vervollständigen, um sein Leben als Lehrer ausserhalb der Reservation verdienen zu können. Erst als er auch diese Ausbildung hinter sich hatte, konnten wir als Familie beisammensein. Ich erinnere mich, dass ich es nicht über mich brachte, ihn mit «Vater» anzureden, und deshalb einfach «hey» sagte. Als Vater dann unterrichtete, studierte er nebenbei Theologie. Er wurde 1968 als anglikanischer Pfarrer ordiniert, als er Lehrer war im Indianerdorf Montreal Lake. Wenn ich zurückdenke, wird mir bewusst, dass mein Vater enorm viel zu tun hatte als Lehrer und Pfarrer zugleich.

Ich kann nicht umhin, von meinen Eltern zu erzählen, denn sie waren mir Vorbild, so dass ich ebenfalls Lehrerin wurde und weiterstudierte, denn nur so können wir unserem Volk vorwärtshelfen. Wenn meine Eltern auch viel zu tun hatten, sie fanden doch immer Zeit für unsere Verwandten. Wir brauchen ja jede Hilfe, die uns durch feste verwandtschaftliche Bande zukommen kann, um in der nichtindianischen Welt überleben zu können. Die weissen Kanadier haben von uns Indianern eine ganz schlechte Meinung, nämlich jene Vorstellung, welche ihnen die Cowboy- und Indianer-Filme vermitteln. In den Geschichtsbüchern haben die Indianer keine Namen. Die Entdecker z.B. werden verherrlicht, und dann heisst es lediglich, ein Indianer habe ihnen den Weg gezeigt. Dieser indianische Führer aber wird nicht mit Namen genannt.

Die Geschichte und die Kultur der Indianer wurden von Generation zu Generation mündlich weitergegeben. Erst in den letzten zehn Jahren haben wir begonnen, sie schriftlich festzuhalten. In unserer Gegend haben wir glücklicherweise alte Leute, die zu erzählen bereit sind, so dass wir heute die Geschichte aus unserer Sicht schreiben können.

Die kanadische Regierung verfolgt seit 1867 bis auf den heutigen Tag eine Assimilationspolitik. In den Reservationen wurde absichtlich jede wirtschaftliche Entwicklung unterbunden. Seit der Unterzeichnung der Verträge werden die Indianergemeinschaften von der Regierung bevormundet. Eine riesige Bürokratie, welche «Department of Indian Affairs» heisst, regelt unser Leben. Von den für Indianer bestimmten Regierungsgeldern bekommen die Indianer in den Reservationen den kleinsten Teil. Die Indianerführer haben sich für alles, was in den Reservationen getan werden soll, zuerst um Geld zu bemühen. In den Reservaten mag es zwar Elektrizität geben, es gibt aber nur wenige Telefonverbindungen, oft keine Wasserversorgung und keine sanitären Installationen.

Lange habe ich nicht begriffen, warum es Indianerinnen doppelt so schwer haben wie nichtindianische Frauen. Sie haben mit den obengenannten Schwierigkeiten zu kämpfen und müssen obendrein versuchen, ihre Kinder durch die Schulen zu bringen, damit sie schliesslich die Möglichkeit haben, ihrem Volk weiterzuhelfen *oder* sich zu assimilieren.

Gegen uns Indianer ist ein Krieg geführt worden, es hat ein kultureller Völkermord stattgefunden. Dennoch leben wir weiter als eigenes Volk, wir haben eine andere Sprache und andere Sitten als der Hauptteil der Bevölkerung. Solange unser Wertsystem erhalten bleibt, werden wir viele Härten aushalten können, vielleicht in Zukunft noch mehr als heute.

Schule

Damit ich eine High School (Oberschule) besuchen konnte, musste ich mit zwölf Jahren von zu Hause weg und nach Prince Albert in ein Internat gehen. Dort war ich vier Jahre lang. Damals wussten wir nicht, dass die Regierung es absichtlich so einrichtete, dass die Indianerkinder durch die Schule von ihren Eltern aus ihrer Umgebung weggenommen wurden. Man tat es, damit die Indianer umso schneller in die nichtindianische Welt eingegliedert werden konnten, d.h., um die Assimilation zu fördern. Oft wurden die Kinder schon mit fünf, sechs Jahren in Internate gesteckt, die es an sechs verschiedenen Orten in Saskatchewan gab. Dort war es ihnen z.B. verboten, ihre eigene Sprache zu sprechen, und das hat seine Wirkung getan. Aus gewissen Gegenden von Saskatchewan ist die Indianersprache völlig verschwunden. Im Norden und in einigen anderen Gebieten ist es noch nicht soweit. Heute werden die Indianersprachen in jenen Schulen, wo sie verloren sind, geschrieben und gelehrt. Wo sie noch gesprochen werden, werden sie zusätzlich angeboten.

Man lehrte die Kinder, sie hätten ihre Indianersitten zu vergessen, und drängte ihnen durch die nichtindianische Erziehung ein anderes Wertsystem und gleichzeitig auch eine fremde Religion auf. Die Internate waren von der Regierung nämlich der anglikanischen oder der katholischen Kirche übergeben worden.

Die Folgen davon sind heute sichtbar, und sie sind verheerend. In Saskatchewan verliessen 1969 90% der indianischen Schüler die Schule ohne Abschluss! Damals begannen die indianischen Eltern sich zu regen. Die Oberhäupter der 69 indianischen Gemeinschaften der Provinz beauftragten die Federation of Saskatchewan Indian Nations mit einer Studie, die zu untersuchen hatte, warum unsere Schüler in der Schule nicht lernten. Das Resultat ist ein dreibändiges Werk mit dem Titel «Die Erziehung der Indianer in Saskatchewan».

Veränderungen im Leben der Indianer

Als Indianerin durfte ich es erleben, dass mit unseren Leuten, Männern wie Frauen, grosse Veränderungen vor sich gegangen sind. Traditionsgemäss haben die Frauen von jeher alle Hausarbeit getan, Wintervorräte bereitgestellt, die Kinder aufgezogen usw. Das System der erweiterten Familie verschaffte den Kindern den Kontakt mit ihren Grosseltern. Sie lernten von den alten Leuten durch die Geschichten, welche sie erzählten. Legendäre Gestalten wurden zu moralischen Vorbildern. Im Spiel lernten sie Bogenschiessen, wurden stark durch Ringkämpfe, lernten Spuren lesen usw.

Durch die Verträge mit der kanadischen Regierung kam das Land im Namen der Königin Viktoria von England in Staatsbesitz. Die indianischen Führer, welche damals mit den Vertretern der Königin verhandelten, reservierten für die Indianer 2,6 km^2 Land pro fünf Einwohner.

Vor hundert Jahren war das genügend, heute aber ist es das nicht mehr. Die indianische Bevölkerung hat sich vermehrt, und wir leiden in den Reservationen unter Überbevölkerung mit all ihren Problemen.

Hoffnungen

Ich will weiterhin für mein Volk wirken, denn ich glaube, wir werden durchhalten und schliesslich ein starkes, einiges Volk werden.

1960 habe ich geheiratet und 1961 bin ich in die Lehramtsschule eingetreten. 1962 und 1963 gebar ich meine beiden Söhne. Zuerst unterrichtete ich in Red Earth, dann zogen wir in die Reservation Key, wo ich eine achtklassige Gesamtschule führte. Darauf lebten wir sechs Jahre in der Dakota-Reservation, sie heisst Sioux Wahpaton. Ich war dort Lehrerin und gebar 1966 und 1967 meine zwei Töchter. Damit unsere Kinder gute Schulen besuchen konnten, zogen wir dann in die Stadt Saskatoon. Dort besuchte ich selbst nochmals ein Jahr lang die Universität. 1972 nahm ich meine Arbeit am Saskatchewan Indian Cultural College auf. Ich erforsche unsere eigene Geschichte und Kultur, was mir grosse Befriedigung gibt. Endlich kann diese aus unserer eigenen Sicht dargestellt werden und nicht aus derjenigen von Anthropologen, Missionaren oder des «Department of Indian Affairs». Meine Arbeit führte mich überall in Kanada hin, vereinzelt auch in die USA.

Ich hoffe, dass ich eines Tages genug Wissen gesammelt haben werde, um unsere Geschichte selbst zu lehren, wie ich sie nun von den Ältesten lerne.

(Überarbeitet, aus: *Schritte ins Offene*, Nr. 5, 1980)

Lieder von Willie Dunn ...

Schulzeit

Schulzeit, Schulzeit,
Gute alte Zeit des «Goldenen Schnitts».
Ich erinnere mich an das stickige, alte Klassenzimmer,
ans Rauchen von Zigarettenstummeln im Waschraum
der Grundschule.

Schlimme Zeit, traurige Zeit, Propaganda-Zeit.
Ich sang die Nationalhymne, sagte meine Gebete auf;
ich betete wie verrückt, um da rauszukommen.

Als ich ein Bub im Alter von sechs Jahren war,
holten sie mich, um mich hinzutrimmen.
Fünf Jahre lang war ich auf freiem Fuss,
mein lieber alter Lehrer verliest die Anklage.

Der Schulvorsteher schaut auf mich herab:
«Bub, du hast dich der Demokratie widersetzt!
Hast du noch irgendwas zu sagen oder zu tun,
bevor wir dich verurteilen?»

«Nun, du bekommst ein Jahr fürs Bäumeklettern,
und noch eins fürs Bienenfangen.
Ein Jahr für Spontaneität
und noch eins für Neugier,
ein Jahr für Erforschungen,
ein Jahr für Phantasie,
ein Jahr für Übermut
und noch eins für Naivität
und zwei Jahre für Deinen Einfallsreichtum.
Und du wirst sie alle hintereinander absitzen!»

Charlie Wenjack

Lauf weiter, kleiner Charlie ,
stapf weiter durch den Schnee,
folge der Eisenbahnlinie entlang,
schau, dass du es schaffst.
40 Meilen hat er schon hinter sich,
600 Meilen bleiben noch zu gehen.
Es ist eine lange, einsame Reise,
schleppend durch den Schnee.

Er ist allein, und er ist hungrig,
Es ist schon eine Weile her,
seit er das letzte Mal ass.
Und je länger die Nacht dauert,
bangt er um sein Schicksal,
denn seine Beine schmerzen,
als er durch die Nacht wankt.
Und er sieht mit müden Augen,
dass seine Hände weiss werden.

Allein wie ein einzelner Stern,
hoch oben am Himmel,
sein Vater in einem Bergwerkscamp,
seine Mutter unter der Erde,
und er sucht seinen Vater,
und er sehnt sich nach Liebe.
Nur ein verlorener kleiner Junge
neben der Eisenbahnstrecke
auf dem Weg nach Hause.

Ist das der grosse Wendigo,
der da kommt und mir ins Gesicht schaut?
Und explodieren die Sterne,
oben über den nebligen Waldschneisen?
Wer kommt mir da auf den Geleisen entgegen,
mit ihren ausgestreckten Armen,
als würde sie auf mich warten?

Hallo, Pfandleiher!

Hallo, Pfandleiher, gib mir was für meine Uhr.
Ohne Kette will sie nicht bei mir bleiben
– ohne Wolken gibt's auch keinen Regen –,
nimm sie schon, und fort mit dir!

Du hast mein Land genommen,
und mein Leben dazu,
und liessest mich stehen, ohne was zu tun,
warfst mir ein paar Decken hin
und einen Wohlfahrtscheck,
ohne jegliche Rücksicht, ohne jeglichen Respekt.

Manchmal arbeite ich, bis mein Rücken kracht.
Mein Sohn lernt in einer Schule weit weg von hier,
– man kann keine Fichte aus einer Lärche machen –,
er nahm seine Bücher, und er kommt nicht zurück.

Hier stehe ich, in einer brandneuen Schule,
die Regierung lamentiert noch immer über die Kosten,
aber ich selber bin auf der Suche nach etwas,
das ich verloren habe,
alte Menschen leben, und sie sind gestorben.

Hallo, Prediger, mit den langen Roben,
als ihr mir die Seele raubtet, habt ihr mir Unrecht getan.
Ihr seid nun weg und habt das alte Lied aus meinem Herzen genommen,
habt mir was zurückgegeben, das nicht hinein gehört.

Bau eine Brücke aus gehärtetem Stahl,
um die stürmischen Tiefen der Zeit zu überspannen,
versetze das Fundament, die Brücke stürzt zusammen,
in die Feuer hinab.

Ich bedaure das Land

Ich bedaure das Land, ich bedaure den Staat,
und die Seele des Menschen, die auf Hass gedeiht.
Eng ist das Leben von Betrügern und Lügnern,
von bigotten Presseleuten, faschistischen Ausrufern.
Betrug ärgert mich, Betrug zerstört mich.
Die Verfassung wirft mich nieder,
Alle Gefängnisse kennen mich.
Frustriert sind die Kirchenleute und Seelenretter,
der Kesselschmied, der Schneider, der Kolonial-Gouverneur.
Sie alle stossen mich herum und begrabschen mich,
und versuchen mich aus dem runden Leben wegzuholen.

Blöde Beamte gedeihen auf Kosten meines Körpers,
ihr Trip läuft mit Macht, Speck und Sozialfürsorge.
Die Polizei sperrt mich ein,
die Materialisten verabscheuen mich,
Luftverschmutzung erstickt mich,
Filme machen sich lustig über mich,
Politiker beuten mich aus,
das Stadtleben stumpft mich ab,
Hudson's Bay schröpft mich.
Gesetze jagen mich und werfen mich nieder,
denn die Regierung macht sich wichtig,
die Revolution sei im Kommen.
Straflose Unterdrückung
bleibt ungebrochene Tradition.

... und Floyd Westerman

Custer starb für eure Sünden

Für die Lügen, die uns aufgetischt wurden,
für das Blut, das wir vergossen haben,
für die Verträge, die gebrochen wurden,
für unsere Führer, die ihr hingehalten habt:
Custer starb für eure Sünden,
jetzt muss eine neue Zeit beginnen.

Für die Stämme, die ihr vernichtet habt,
für die Mythen, die ihr am Leben haltet,
für das Land, das ihr beschlagnahmt,
für die Freiheit, die ihr uns raubtet:
Custer starb für eure Sünden,
jetzt muss eine neue Zeit beginnen.

Für die Wahrheit, die ihr befleckt,
und für die Leben, die ihr auf dem Gewissen habt,
für das Gute, das ihr entwürdigt,
und für alles, was wir verloren haben:
Custer starb für eure Sünden,
jetzt muss eine neue Zeit beginnen.

Missionare

Verbreitet das Wort eurer Religion,
bekehrt wenn möglich die ganze Welt,
tötet und mordet alle, die sich euch widersetzen,
denn es lohnt sich, wenn ihr nur einen Menschen
erlöst.

Nehmt das Land, um eure Kirchen darauf zu bauen,
eine Sünde, das Haus Gottes zu besteuern.
Holt das Kind, wenn es noch fügsam ist,
verderbt den Geist, spart mit der Rute.

Geht hin und erklärt dem Wilden,
dass er christianisiert werden muss.
Befehlt ihm, seinen heidnischen Kult aufzugeben,
und ihr werden ihn zivilisieren.

Zwingt euer Evangelium, stopft eure Werte
hinein in seine Kehle, bis sie wund ist.

Und wenn ihr ihn zum Krüppel gemacht habt,
kehrt den Rücken und verschliesst die Tür.

Wie einen ständig kreisenden Geier,
lasst ihr euch auf eure Beute nieder,
zerpflückt die Seele in Stücke,
und seht zu, wie sie verwelkt.

Denn Religion ist ein grosses Geschäft,
wie eure Bankkonten zeigen.
Und Christus starb,
um die ganze Menschheit zu erlösen,
aber das war vor langer Zeit.

Missionare, Missionare, geht und lasst uns allein,
bringt euren weissen Gott dem weissen Mann zurück:
Wir haben unseren eigenen.

Sie hörten nicht zu

Und ich bat sie, nicht nach Gold zu graben,
denn dann würde der Adler sterben.
Sie hörten nicht zu, sie hörten nicht zu,
sie hörten mir gar nicht zu.

Und ich sagte ihnen, wenn der Adler stürbe,
würde es keinen Hüter des Landes mehr geben.
Sie hörten nicht zu, sie hörten nicht zu,
sie hörten mir gar nicht zu.

Und wenn es keinen Hüter des Landes mehr gäbe,
dann würden Maschinen kommen
und bald den Himmel verpesten.
Sie hörten nicht zu, sie hörten nicht zu,
sie hörten mir gar nicht zu.

Und ich sagte ihnen, wenn sie den Himmel verpesten,
dann müsste der Mensch ins Meer zurückkehren.
Sie hörten nicht zu, sie hörten nicht zu,
sie hörten mir gar nicht zu.

Und ich sagte ihnen, wenn sie das Meer verseuchten ...
Sie hörten nicht zu, sie hörten nicht zu,
sie hörten mir gar nicht zu.

Welt ohne Morgen

Und der Fluss, der Ozean und die Ströme
sind schlammig braun,
und der rot-orange Sonnenuntergang
verfärbt sich grau,
und das Sonnenlicht wird trüber,
alles in Dunst gehüllt,
und die grün-gelben Hügel sind zu Lehm verwandelt.

In einer Welt ohne Morgen,
in einer Welt, die nicht währt,
in einer Welt ohne Morgen,
mein Freund, dieser Tag naht auf seinem Weg,
mein Freund, dieser Tag kommt schnell.

Und die Blumen sterben,
als ein schwarzer Regen seinen Tribut verlangt,
und alle Fische werden grau und blass,
und die purpurblauen Berge gleichen Kohlenhaufen,
und die Luft wird trüb und muffig.

Und die Bäume sind tot und kahl,
und das Gras ist zu Stein erstarrt.
Und der Mensch allein hat all dies verbrochen,
ein Opfer seiner Habgier, nun ist er allein,
und wartet als letzter auf seinen Untergang.

Heimkehr

Ich kehr zurück, zurück zum Land, das ich liebe,
ich kehr zurück, wo der Himmel hoch über mir ist,
zurück zum Land, das ich verliess,
zurück zum Stolz, den ich finden muss.

Lasst mich allein, könnt ihr's nicht sehen,
ich kehre heim,
zurück zu den Bergen und Prärien,
zurück zur Wüste und den Hügeln,
bis zu den Bisons, und wo die Flüsse rauschen.

Ich kehr zurück, wo die Wahrheit begann,
ich kehr zurück, den Mann zu finden, der ich bin,
kehr zurück, meine Vergangenheit zu finden
und vielleicht endlich den inneren Frieden.

Lasst mich allein, könnt ihr's nicht sehen,
ich kehre heim,
ich kehr zurück, und dort werde ich bleiben,
kehr zurück, den Weg zu finden und auszuprobieren,
kehr zurück, wo ich hingehöre,
zum Land, das mich stark machte.
Lasst mich allein, könnt ihr's nicht sehen,
ich kehre heim.

Zeichensprache

1. Begründung und Ziel

Alle Menschen, die miteinander sprechen, neigen mehr oder weniger dazu, ihre Worte mit ganz bestimmten Gebärden, Gesten, mit Veränderungen des Gesichtsausdrucks (Mimik) oder der Körperhaltung zu begleiten. Neben wohl zu einem guten Teil unbewusstem Bewegungsdrang spielt der Wunsch, gewisse Aussagen mit bestimmten Handbewegungen zu unterstreichen oder auch zu verdeutlichen, eine wesentliche Rolle. Verbales Ausdrucksvermögen in einer mit dem/den Partner/n gemeinsamen Sprache verbindet sich mit einer mehr oder weniger ausgeprägten Körpersprache zu einer oftmals beeindruckenden Ausdruckskraft und trägt zu einer erheblichen Verbesserung der Kommunikationsfähigkeit bei.

Fehlt eine gemeinsame Sprache als Verständigungsgrundlage, bedienen sich Menschen bestimmter, z.T. international geltender Zeichen, um trotzdem miteinander zu kommunizieren. Dies galt und gilt in unseren Breitengraden ebenso wie z.B. bei den Prärie- und Plains-Indianern, die über eine ausgeklügelte Zeichensprache verfügten, um sich untereinander (bei ungleicher Sprachgruppenzugehörigkeit) oder mit den Weissen zu verständigen. In anderen Kulturen gab es keine Zeichensprache.

Dank verschiedener Übungen versetzen sich die Schüler/innen in die Lage eines/r Sprachunkundigen oder Stummen, zunächst bei uns, später bei den Prärie- und Plains-Indianern, der/die sich allein mit Hilfe von Gebärden mit seiner/ihrer Umwelt verständigen kann. Nur die genaue Kenntnis der Bedeutung der einzelnen Zeichen, wie sie z.B. die Plains-Indianer gebrauchen, vermag die Isolation des «sprachlosen Menschen» zu durchbrechen.

2. Thematische Grundinformation

Auf den Plains und in der Prärie wurden viele Sprachen gesprochen, und meistens hatten sie weder Wortschatz noch Grammatik gemein. Doch die Menschen der einzelnen Völker, deren Sprachen sich so unterschieden, wie die Blackfoot von den Mandan, waren dennoch fähig, zu kommunizieren, und zwar durch die universale »Zunge» der Prärie- und Plains-Indianer: die Zeichensprache. Little Raven, ein Chef der südlichen Arapahos, betonte einmal die Wichtigkeit dieser Form des Dialogs: «Ich bin Comanche, Kiowa, Apache, Caddo, Gros Ventre, Snake, Crow, Pawnee, Osage, Arikara, Nez Perce ... und anderen Stämmen begegnet, deren Vokalsprache ... wir nicht verstanden, aber wir kommunizierten frei miteinander in der Zeichensprache.»

Obwohl die Indianer vom gleichen Stamm sich gelegentlich in der Handzeichensprache unterhielten – besonders, wenn sie nicht überhört werden wollten oder nicht in Hörweite standen –, war die Zeichensprache natürlich besonders nützlich zu Diskussionen zwischen verschiedenen Stämmen. Solche Dispute konnten oftmals durch kleine Abfolgen gegenseitig verstandener Gesten erledigt werden. Mit ihnen wurden Bündnisse und Handelsabkommen geschlossen.

Bei aller Nützlichkeit hatte die Zeichensprache offensichtlich auch ihre Grenzen. Die Kommunikation war im allgemeinen auf einfache, schnell zu begreifende Vorstellungen beschränkt. So z.B., wenn ein Sioux ein paar Bisonhäute gegen den Überschuss an Mais von einem Mandan eintauschen wollte.

Als im frühen 19. Jahrhundert die weissen Pelzjäger, die «Mountain Men», in die Ebenen kamen, griffen sie schnell das Wichtigste der Zeichensprache der Indianer auf, um mit Hilfe dieses Verständigungsmittels von den Stämmen Felle zu erwerben. In späteren Jahren erlernten auch Soldaten, die die Forts der Ebenen bewachten, die Zeichen, was den Umgang mit den vielen Stämmen erleichterte –

zumindest, was die grundlegende Kommunikation betraf.

Einige der Handbewegungen, die das Vokabular der Zeichensprache ausmachen, sind nebenstehend aufgeführt: Jeder dieser Ausdrücke bezeichnet einen bestimmten Stamm, doch eigenartigerweise ging jeder Stammesbezeichnung das verallgemeinerte Zeichen (1. Bild oben links) für Indianer voraus.

(Nach: James A. Maxwell (Hrsg.), *America's Fascinating Indian Heritage.* Pleasantville, NY, 1978)

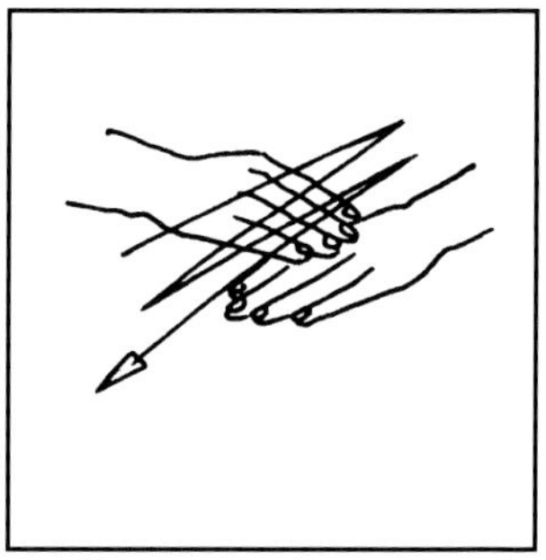

Indianer: *Reibe zweimal linke Hand hin und her.*

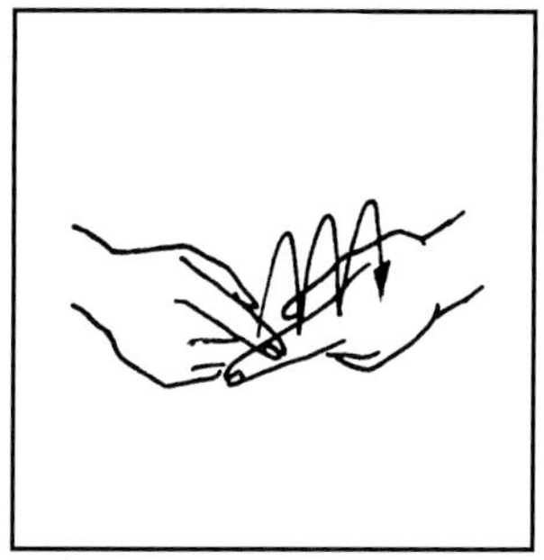

Cheyenne: *«Hacke» dreimal auf den linken Zeigefinger.*

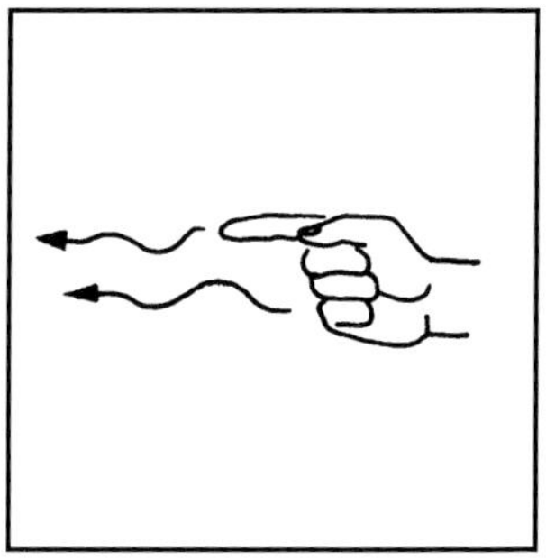

Comanche: *Ahme die Bewegung einer Schlange nach.*

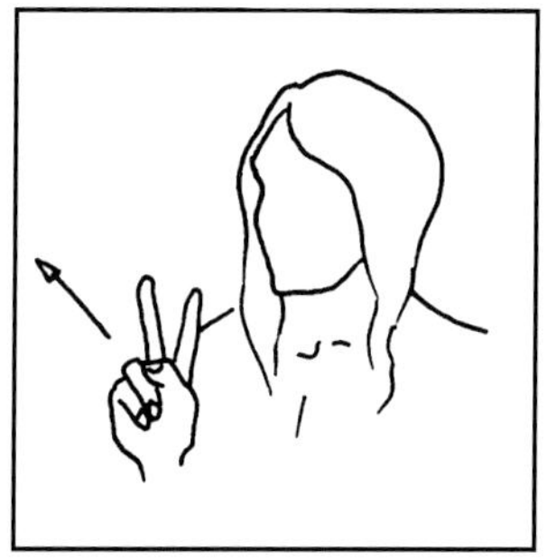

Pawnee: *Mache ein V-Zeichen mit der rechten Hand und strecke sie aus.*

Crow: *Halte die linke Faust vor die Stirne und öffne die Handfläche.*

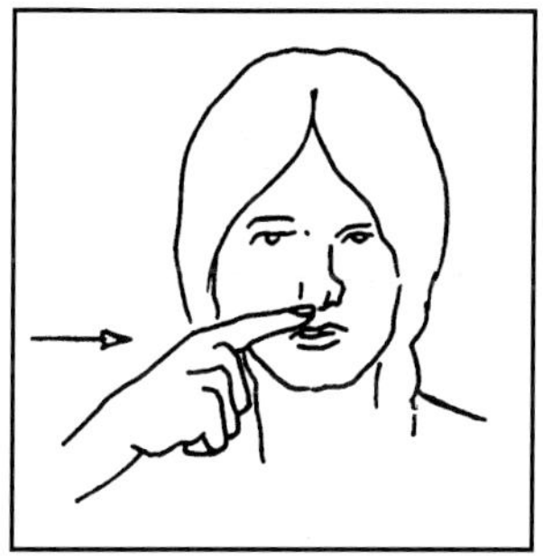

Nez Perce: *Bewege den Zeigefinger der rechten Hand unter der Nase durch.*

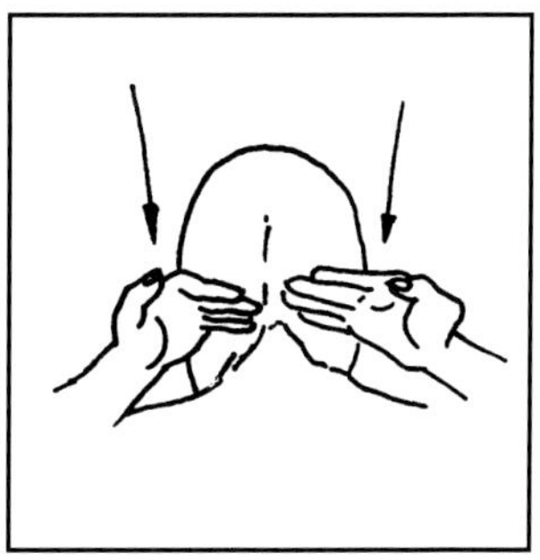

Osage: *Bewege die Hände über den Hinterkopf hinunter.*

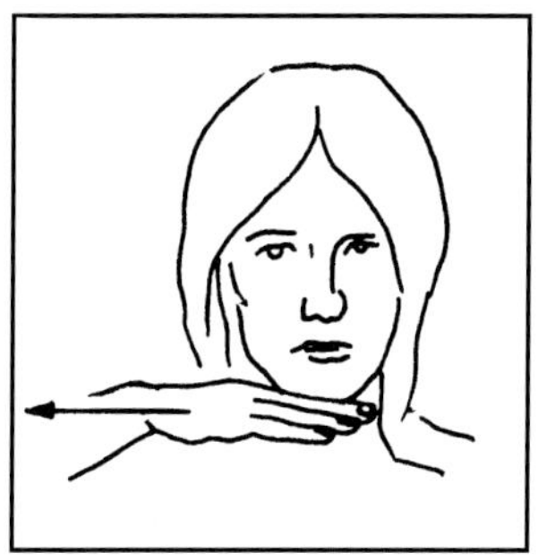

Sioux: *«Halsabschneider»-Bewegung.*

3. Anregungen für den Unterricht

Material

– Arbeitsblatt 15: Die Zeichensprache der Indianer

Einstiegsmöglichkeit

● Die Schüler erhalten den Auftrag, eine Arbeit gemeinsam zu tun, ohne dabei miteinander zu sprechen oder schriftlich miteinander zu verkehren.
Beispiel: Aus Stühlen eine «Burg» bauen – Im Freien ein Feuer entfachen – Das Schulzimmer aufräumen – Im Turnen bestimmte Geräte aufstellen – Das Schulzimmer für einen bestimmten Anlass dekorieren.
Im Klassengespräch werden die Schwierigkeiten, die einer Verständigung im Wege gestanden sind, diskutiert. Wie wurden sie überwunden? Gäbe es noch andere Möglichkeiten zur Verständigung?

Thematische Vorschläge

● Gruppenarbeit: Jetzt geht es darum, dass eine Gruppe einer anderen Gruppe einen einfachen Auftrag erteilt, ohne die Sprache dazu zu verwenden, wie z.B. «Sucht die Turnhalle auf und stellt dort Pferd, Barren, Reckstange und Langbank für die nächste Turnstunde bereit!» oder «Holt in der Schulsammlung einen ausgestopften Uhu/Fuchs und eine Landkarte von Europa!» usw. Erschwerung: Die Lehrkraft gibt jeder Gruppe einen Satz, den diese den anderen übermitteln muss. Dann erhalten alle Gruppen – ohne es zu wissen – denselben Satz zur Übermittlung. Die Schüler/innen werden feststellen, dass sie zu dessen Weitergabe oft ähnliche oder sogar gleiche Gebärden und Handzeichen verwendet haben. Sie überlegen anschliessend gemeinsam, ob sie wohl eine Zeichensprache erfinden könnten, die ihnen allen verständlich wäre.

● Die Lehrkraft zeigt ein paar bei uns gebräuchliche Handzeichen, deren Bedeutung jedermann versteht, z.B. erhobene Hand (Polizist) = Halt! Die Schüler schreiben in Stichworten auf, was sie bedeuten.
Im folgenden Gespräch Behandlung der Fragen wie «Warum habt ihr alle die Bedeutung dieser Handzeichen verstanden?» – «Kennt ihr noch andere solche Zeichen?» (Morsealphabet) – «Wer ist gezwungen, sich mit solchen Zeichen zu verständigen?» (Taubstumme).

● Zum ganzen Thema enthält auch das Schweizer Sprachbuch, Bd. 7/8, «Sprache ohne Sprache» (Sabe Verlag), viele Anregungen.

● Nachdem die Schüler genügend mit Bedeutung und Verwendung der Zeichensprache bei uns vertraut geworden sind, kann die Lehrkraft kurz auf die Hintergründe der bei den Prärie- und Plains-Indianern gebräuchlichen Zeichensprache eingehen, indem sie etwa folgende Beispiele gibt, die die Schüler zu deuten versuchen:

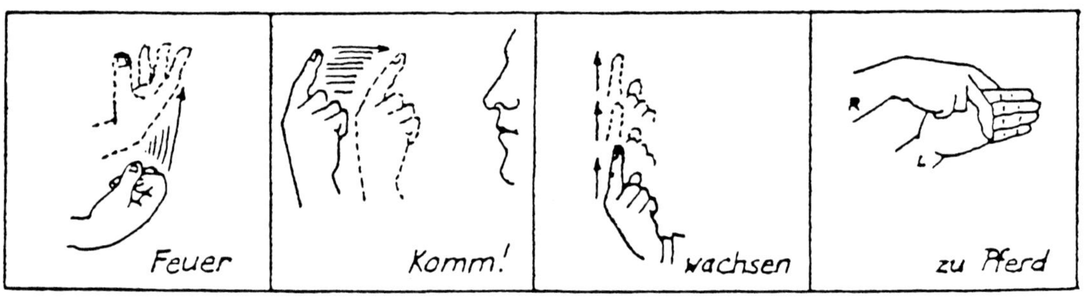

Hier Einsatz des Arbeitsblattes 15.

Die Zeichensprache der Indianer

1. Versuche, diese Handzeichen mit deinen Händen nachzumachen! Was bedeuten sie wohl? Jedes der untenstehenden Wörter passt zu einem Handzeichen. Setze ein!

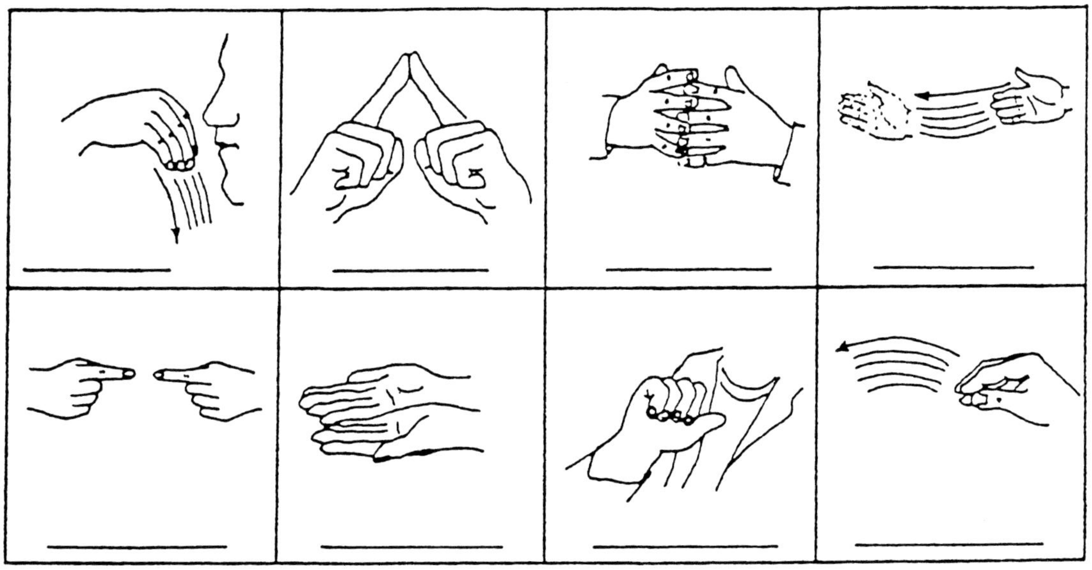

Haus / Buch / gegenüber / gehen / Zelt (Tipi) / springen / ich oder mich / essen

2. Mit diesen Zeichen könntest du schon Sätze bilden, z.B.: ICH GEHEN HAUS ESSEN
   Das heisst: Ich gehe ins Haus, um zu essen.

3. Hier noch ein paar andere Handzeichen:

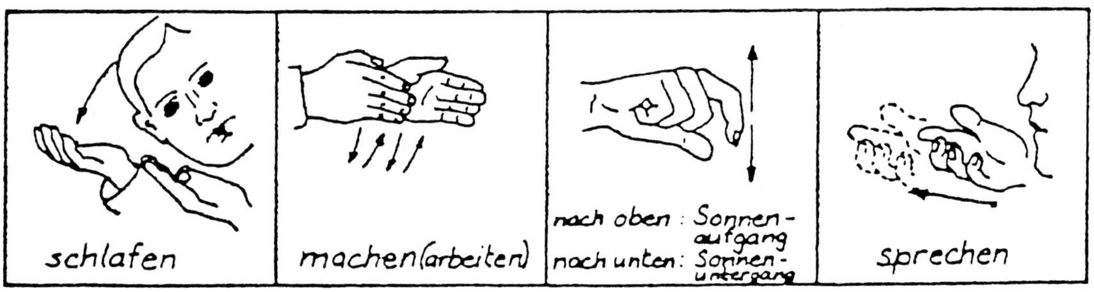

4. Kannst du nun auch diesen Satz erraten? Schreibe ihn darunter!

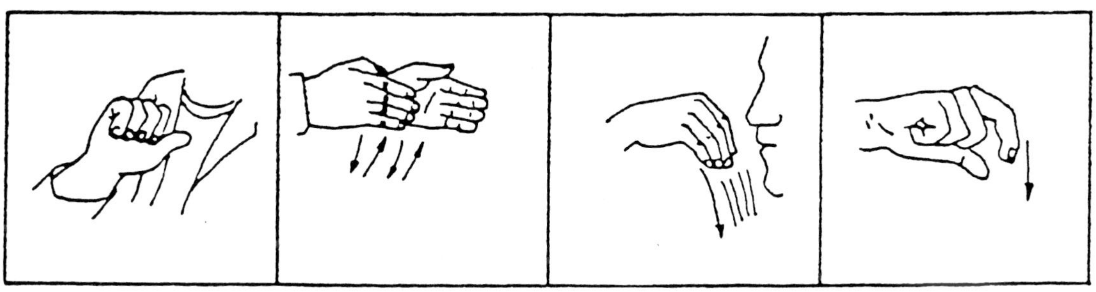

Bilderschrift und Kalender

1. Begründung und Ziel

Jede etwas einlässlichere Beschäftigung mit der Schrift wird zuerst bei einfachen Bilderzeichen beginnen, die den Schülern in Form sogenannter Piktogramme, wie wir sie etwa in Flughäfen, auf Bahnhöfen usw. antreffen, durchaus vertraut sind. In diesem Zusammenhang lohnt es sich, einmal genauer auf die Machart solcher allgemein verständlicher Piktogramme einzugehen. Häufig geben sie reale Objekte geometrisch vereinfacht wieder, indem sie diese auf das Augenfällige, leicht Erkennbare reduzieren. In selteneren Fällen mag die Abstraktion dann soweit getrieben sein, dass der Adressat Mühe bekundet, das Bilderzeichen «richtig» zu lesen und zu verstehen. Je abstrakter ein Bilderzeichen ist, desto wichtiger wird die einmal getroffene Übereinkunft, was das Zeichen aussagen, beinhalten, bedeuten soll. Gemäss *Brockhaus Enzyklopädie* (Bd. 24, 1994) finden sich Zeichen nur in von Menschen geschaffenen Verständigungssystemen. Sie erhalten ihren Sinn durch eine absichtliche, ausdrückliche Festsetzung.

Von solchen Grundüberlegungen ausgehend, dürfte es nicht mehr schwerfallen, eine Brücke zu den indianischen Bilderzeichen zu schlagen. Durch Aneinanderreihung lassen sich sogar ganze, mehr oder weniger zusammenhängende Geschichten erzählen oder der Lauf der Jahre anhand bildlich verkürzter Darstellung herausragender Ereignisse dokumentieren. Im indianischen Kalender werden bestimmte Daten mittels bestimmter Bilderzeichen «festgemacht», d.h., an die Stelle abstrakter Daten treten in ein Bild verwandelte, konkrete Ereignisse (z.B. Meteoritenschauer vom 12. November 1833), die so eine eigentliche Zeitrechnung erlauben.

2. Thematische Grundinformation

a) Bilderschrift

Ohne hier im Einzelnen auf die Typologie des Zeichens einzugehen, dürfte es sich lohnen, im Zusammenhang mit der indianischen Bilderschrift kurz auf Wesen und Funktion der Bilderzeichen hinzuweisen. Wir folgen dabei den Ausführungen von Franz Hermann Wills, der in seinem Buch *Schrift und Zeichen der Völker*, erschienen im Econ Verlag, Düsseldorf 1977, S. 15f., die Bilderzeichen wie folgt beschreibt:

«Sie stellen die Urform der auf einem geeigneten Hintergrund gemachten sichtbaren Mitteilungen zur Verständigung dar und werden in der Terminologie der Fachbereiche auch als erzählende, schildernde, illustrative Zeichen, als Bilderschrift, Bildersprache, Bildzeichen (...) bezeichnet. Schrift- und Sprachforscher nennen die bildhaften Vorstufen der Schrift auch Piktogramme. (...)
Bilderzeichen setzen Nachrichten, Tatsachen und Gedanken in Bilder um, sind an keine Sprache gebunden und setzen keinerlei Sprachkenntnisse voraus; der Handlungsablauf im Bild, falls überhaupt vorhanden, muss nicht identisch sein mit dem sprachlichen. Sie können je nach der Intelligenz des Betrachters erkannt, verstanden und nacherzählt werden – es gibt keine Analphabeten des Bildes.
(...)
Bei Bilderzeichen decken sich Darstellung und Bedeutung, wenn auch das Bild in vielerlei Formen erscheint, von denen die naturalistische als getreue Wiedergabe des Vorbildes für den Betrachter am leichtesten zu identifizieren ist. (...)

Die Tendenz, die kreative Intensität nicht nur im Realbild, im Abbild zu beweisen, sondern durch Eliminierung von Zufälligkeiten und durch die Hervorhebung des Wesentlichen zu bewirken, führte über das nur noch teilweise naturalistische Vorbild allmählich zur Vereinfachung und zur Schematisierung, wobei es zu Übertreibungen und besonderen Erscheinungsformen wie der transparenten Darstellung von Figuren kommt, die nicht auf dem Mangel an zeichnerischem Können beruhen, sondern durch bewusst gewordene mythische Vorstellungen bedingt sind. Allgemein bleibt die Grundform erhalten; doch wird alles vereinfacht, reduziert, und schliesslich zum Konzentrat. Von hier bis zur geometrischen, abstrakten Formel eines Objektes ist es nur ein Schritt.»

Gewisse Indianervölker bedienten sich einer Bilderschrift, die der Zeichensprache z.T. ähnlich ist. Von Hiawatha, dem Gründer der Liga der Irokesen und Erfinder einer Bilderschrift (um 1450), stammt die nachstehende Beschreibung von acht Bilderschrift-Zeichen:

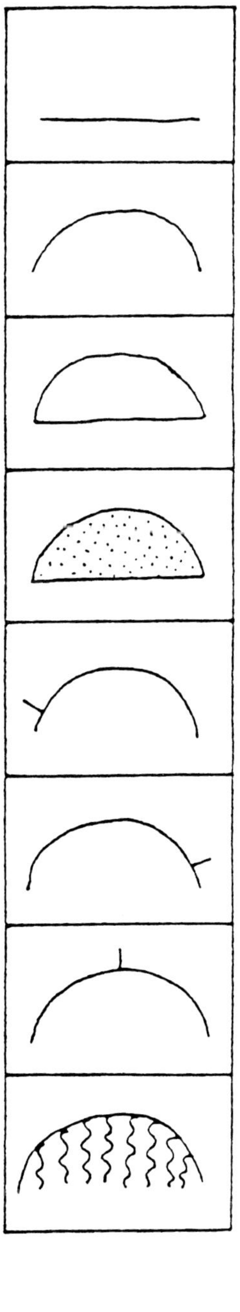

«Für die Erde zeichnete er eine gerade Linie,

für den Himmel einen Bogen darüber.

Weiss der Zwischenraum für den Tag,

gefüllt mit kleinen Sternen für die Nacht.

Auf der linken Seite einen Punkt für Sonnenaufgang,

auf der rechten einen Punkt für Sonnenuntergang.

Zuoberst einen Punkt für die Mittagszeit,

und für Regen und bewölkten Himmel Wellenlinien, die von ihm sich senken.»

b) Kalender

Eine gleichartige Bilderschrift verwendeten die Plains-Indianer, um herausragende Erlebnisse oder Ereignisse eines Jahres festzuhalten. Auf diese Weise führten sie eine Art von Zeitrechnung, die sogenannte Winterzählung (= «Winter Count»): Jeder Winter wird mit einem Ereignis charakterisiert. Man sprach dann nicht von 1866, sondern z.B. vom Winter «der hungrigen Wölfe». Auf einer Bisonhaut wurde jeder Winter auf diese Weise festgehalten. In Spiralform wuchs so der Kalender Jahr für Jahr um ein Bild.

Das auf dem Arbeitsblatt 17 abgebildete Bisonfell ist gleichzeitig Kalender, Kunstwerk und Jahrweiser der Lakota. Nach alter Sitte zeichnete der Lakota-Krieger Lone Dog auf dieses Fell einen Kalender in Form einer Spirale, der vom Mittelpunkt nach aussen zu lesen ist. Jedes Jahr wird durch ein bedeutungsvolles Bild dargestellt.

Der behandelte Zeitraum reicht von 1800 bis 1871, d.h., er umfasst die Hauptperiode der weissen Invasion. Die Winter dieser Spirale sind durch sieben Hinweise auf Tauschgeschäfte mit Weissen und vier Hinweise auf das epidemische Auftreten von eingeschleppten Krankheiten wie Masern und Pocken gekennzeichnet. Überraschenderweise findet sich kein Hinweis auf Kämpfe mit den weissen Invasoren, hingegen bezeichnen 24 Symbole Konflikte mit anderen Indianervölkern.

Beispiele des Handwerkes

1. Begründung und Ziel

Praktischer Sinn, handwerkliches Können und Kunstfertigkeit, aber auch gestalterischer Ideenreichtum und ästhetisches Empfinden eines Volkes spiegeln sich u.a. in seinen alltäglichen Gebrauchsgegenständen ebenso wie in Objekten von sozialer oder kultisch-religiöser Bedeutung. Art und Ausführung all dieser Gegenstände hängen indessen von der Kenntnis und Anwendung bestimmter Kulturtechniken wie beispielsweise Ackerbau, Spinnen und Weben, Holz- und Metallverarbeitung usw. des betreffenden Volkes ab. Ausschlaggebend sind selbstverständlich auch die verfügbaren Materialien in Form von naturgegebenen Rohstoffen oder von Produkten, die mittels bestimmter Kulturtechniken gewonnen (z.B. Leder) und dann weiterverarbeitet wurden.

Ein Vergleich mit ähnlichen Produkten, die bei uns hergestellt wurden und heute etwa in Ortsmuseen zu sehen sind, trägt zu einer Intensivierung der Beziehung zu den «fremden» Gegenständen bei.

Auch im Falle der Prärie- und Plains-Indianer geht es darum, ausgewählte Gebrauchs- oder Kultgegenstände näher kennenzulernen, und zwar hinsichtlich ihrer Machart und Verwendung. Wenn dies nicht im Museum selbst geschehen kann, ist entweder auf den Museumskiste oder auf Dias zurückzugreifen. Wer noch weiter gehen möchte und über die nötige Zeit verfügt, kann die Schüler verschiedene indianische Gebrauchsgegenstände selbst anfertigen lassen, vermittelt doch eine solche Handarbeit wertvollen Aufschluss über Materialeigenschaften, Aufwand und Ergebnis des so auf die Probe gestellten eigenen handwerklichen Talents. Auch bei den Indianern war nicht jeder gleichermassen ein Meister, so dass auch hier das Prinzip der Arbeitsteilung zur Anwendung gelangte.

2. Thematische Grundinformation

Der Schild

Der Schild hatte einerseits die Aufgabe, den Träger im Kampf zu schützen. Viel wichtiger war aber anderseits sein ganz persönlicher, symbolischer Wert für den Besitzer. Der Indianer pflegte seinen Schild mit Motiven oder Gegenständen, die er aufgrund einer Vision als Talisman ausgewählt hatte, zu schmücken. (Zur Bedeutung der Visionen finden sich im Überblick auf S. 27f. weitere Einzelheiten.)

Der Coup-Stab

Das Wort Coup stammt aus dem Jargon der französisch-kanadischen Waldläufer und bedeutet «Schlag». Als Coup wurde das Berühren eines Gegners (ohne ihn zu verletzen) während eines Kampfes mit blosser Hand oder mit einem speziellen Stab bezeichnet. Bei den Teton-Lakota zählte auch ein Schlag mit einer Stange oder mit dem Bogen als Coup. Ein solcher Coup war Beweis von Mut und Tapferkeit und galt viel mehr als das Töten oder Skalpieren eines Feindes. Bei vielen Ethnien war es Sitte, dass man für jeden Coup eine Adlerfeder erhielt. Ein grosser Federschmuck war also das Zeichen für eine beachtliche Anzahl erfolgreicher Coups. Die Coups wurden auch als eine Art Wappen auf den Zelten oder Bisonledergewändern in Bilderschrift festgehalten.

Unter «counting coups» verstand man die Aufzählung von Heldentaten. Diese Berichte schienen kein Ende zu nehmen: Wann immer ein junger Mann einen Sieg errungen hatte, nahm er das zum Anlass, auch sämtliche alten Heldentaten aufzuzählen. Wich er allerdings von der Wahrheit ab, wurde er sofort von einem, der zur selben Kampfgruppe gehört hatte, zurechtgewiesen.

3. Anregungen für den Unterricht

Materialien

- Arbeitsblatt 18: Herstellung eines Schildes und eines Coup-Stabes
- Arbeitsblatt 19: Herstellung eines Halsschmuckes aus Perlen
- Museumskiste
- Lesetext 9: Die Vision von Plenty Coups
- Dias Nr. 18–32

Thematische Vorschläge

● Der Lesetext «Die Vision von Plenty Coups» ist ein gekürztes Kapitel aus der Lebensgeschichte von Plenty Coups, einem Anführer der Crow, die Frank B. Linderman im Buch *America, the Life Story of a Great Indian*, London 1930, festhielt. In diesem Text wird beschrieben, wie Plenty Coups zu seiner Vision kam, wie sie nachher gedeutet wurde und die Grundlage einer politischen Entscheidung abgab. Die Crow beschlossen, nicht mehr mit den «Weissen» zu kämpfen und sich mit einer Reservation abzufinden.

Dieser Text eignet sich gut dazu, um den Schülern klarzumachen, was dem Indianer sein Schild bedeutete. Die Schüler stellen sich vor, was Plenty Coups nach seiner Vision auf den Schild gemalt hätte. Jeder Schüler erinnert sich an einen Traum oder an ein besonderes Ereignis, das er auf dem Schild festhalten möchte.

Die Anleitung zur Herstellung des Schildes findet sich auf dem Arbeitsblatt 18.

● Nach kurzer Einführung der Schüler in das Wesen des Coup-Stabes können selbsthergestellte Stäbe (vgl. Anleitung auf Arbeitsblatt 18) zur Ausführung vieler selber erfundener Spiele dienen, z.B. Geländespiele, in denen es gilt, irgendein Ziel mit dem Stab zu berühren usw. Die Kinder sollen bei dieser Gelegenheit merken, dass die Plains-Indianer nicht einfach alle ihre Feinde umbringen wollten. Bei den kriegerischen Unternehmungen von Indianern handelte es sich aber keineswegs nur um «sportliche Mutproben» oder gar um blosse «Spiele», wie sie in der Literatur oftmals verharmlosend bezeichnet werden. Aber auch heutige indianische Autoren oder Repräsentanten neigen zusehends dazu, diese kriegerische Tradition in voreuropäischer Zeit zu übergehen oder gar zu leugnen: Das Bild des friedlichen Indianers verkauft sich besser.

● Originalobjekte im Museum oder die entsprechenden Dias vermitteln den Schülern einen Eindruck von der Qualität alter indianischer Stickereiarbeiten mit Stachelschweinborsten, die gekaut und gefärbt wurden. Diese Technik verschwand zusehends mit dem Aufkommen der von den Weissen als Tauschware eingeführten, ebenso praktischen wie wertlosen Glasperlen. Schon früher hatten allerdings die Irokesen und Algonkin aus der Venusmuschel geschnittene Perlen, sogenannte Wampun, verwendet.

Eine Anleitung zur Herstellung von Halsschmuck findet sich auf dem Arbeitsblatt 19. Da das Weben mit kleinen Perlen für Unterstufenschüler noch zu schwierig ist, sind die sogenannten Rocailles-Perlen zu empfehlen, auch wenn sie nicht ganz so schön sind.

● Die vorstehend aufgeführten Anleitungen stellen natürlich nur eine kleine Auswahl dar, die sich aber in der Praxis zur Ausführung in einer Klasse als besonders geeignet erwiesen hat. Wer sich noch ausführlicher mit der Herstellung originalgetreuer Handwerksarbeiten der Indianer beschäftigen möchte, findet in den folgenden Büchern einer Fülle weiterer Beispiele: Thomas Ostwald/Horst Henneberg: *Das grosse Indianerhandbuch*; Peter Haug: *Indianische Perlenarbeiten,* beide im Verlag für Amerikanistik, Wyk auf Föhr 1995, erhältlich.

Herstellung eines Schildes und eines Coup-Stabes

Herstellung eines Schildes

Material:
- Karton A3
- Wolle/Lederband
- Neocolor
- allerlei zum Verzieren

Aus dem Karton wird ein Kreis mit 40–50 cm Durchmesser ausgeschnitten. Mit Neocolor bemalen, fixieren. Mit der Schere zwei Schlitze einstechen und ein gedrehtes Wollband oder ein Lederband als Halteschlaufe einziehen. Rundherum mit allem möglichen Material phantasievoll verzieren.

Herstellung eines Coup-Stabes

Material:
- Holzstecken
- Federn
- Leder
- Material zum Verzieren
- Schnitzmesser

Die Schüler suchen im Wald einen geeigneten Stecken, schälen die Rinde glatt ab und schnitzen ihn schön zu. Phantasievoll verzieren.

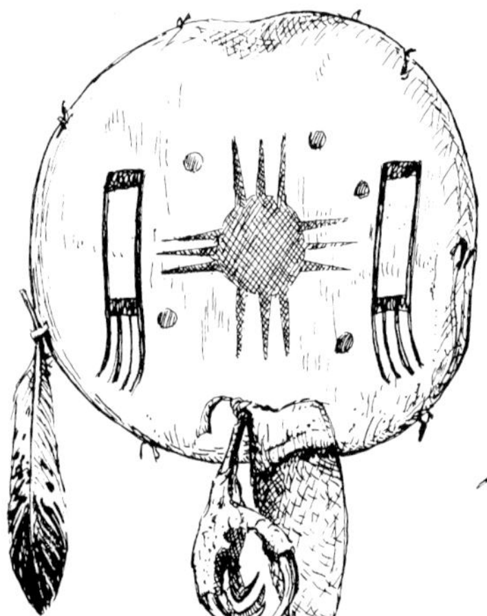

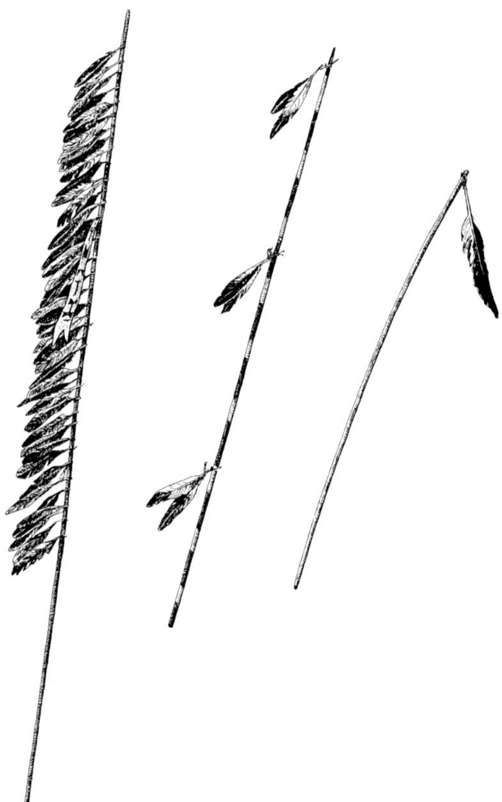

Herstellung eines Halsschmuckes aus Perlen

Material:
- Rocailles-Perlen
- Karton A3–A4
- Garn
- Nadeln

Auf einem karierten Papier entwerfen die Schüler das Muster für ihren Schmuck. 1 Häuschen = 1 Perle. Der Karton dient als Webrahmen, auch Holz kann verwendet werden. Für jede Perle + 1 wird am oberen und unteren Rand eine Kerbe eingeschnitten. Nun spannen wir mit Garn die Kettfäden (Randfäden doppelt).

Einen neuen Faden knüpfen wir am rechten Randfaden an und fassen nun mit der Nadel Perle um Perle auf, wobei wir immer mit der Nadel *unter* den Kettfäden durchfahren. Nach dem Wenden werden nochmals alle Perlen aufgefasst. Diesmal wird der Faden aber immer oberhalb der Kettfäden durchgezogen. Am Schluss schneiden wir die Kettfäden oben und unten durch und verknüpfen alle Fäden sorgfältig miteinander zu Fransen. Nun noch eine Perlenreihe als Kette aufziehen und anknüpfen.

Selbstverständlich lassen sich auf diese Weise auch Armbänder, Gürtel, Täschchen usw. anfertigen. Der Karton muss einfach entsprechend gross genug gewählt werden. Anstelle eines Kartons kann auch eine Holzkonstruktion (wie abgebildet) verwendet werden.

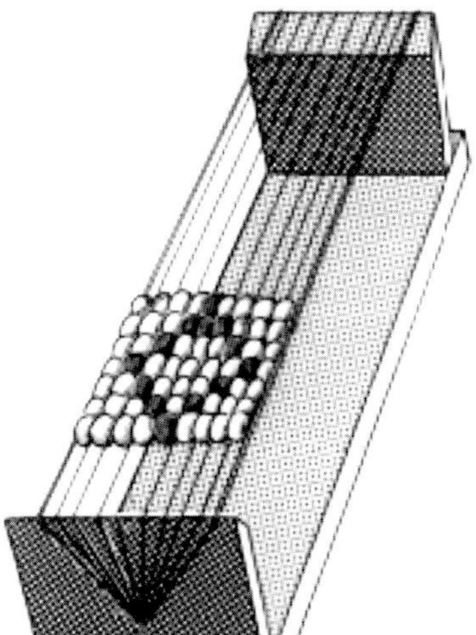

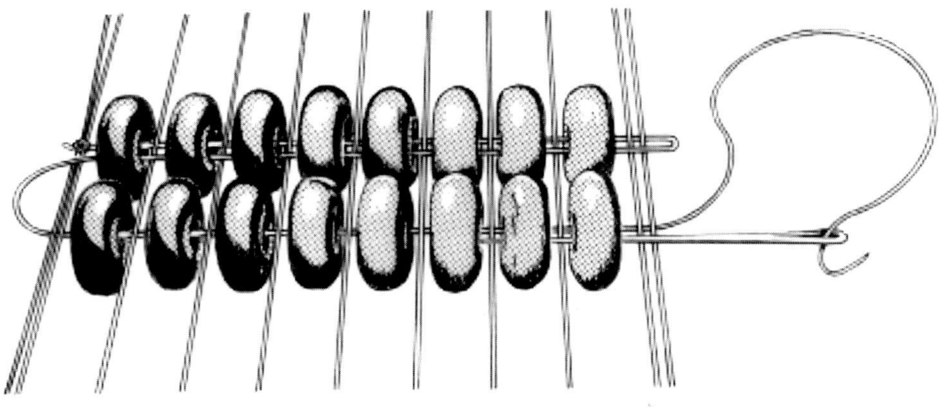

Die Vision von Plenty Coups

Plenty Coups war ungefähr neun oder zehn Jahre alt, als er seinen Traum hatte. Er war in die Crazy Mountains nach Montana gegangen, um dort auf eine Vision zu warten, und fastete schon einige Tage. Er wurde sehr schwach dabei, hatte aber immer noch keinen Traum. Als er sich schliesslich voller Verzweiflung daran erinnerte, wie die grossen Krieger der Crow-Indianer in der Vergangenheit ihren Mut bewiesen, schnitt er ein Glied seines Zeigefingers ab und zwang ihn damit, zu bluten. Er fiel in tiefen Schlaf und schien dann aufzuwachen, um sich von Kriegsadlern umringt zu sehen. Später erschien ihm eine geistige Person und führte ihn durch einen langen Gang unter der Erde in die Richtung der Arrow Creek Mountains. Er fand sich dann von vielen Bisons umgeben, die sich in dem Gang gegen ihn drängten. Zuerst war er sehr ängstlich, dass sie ihn zerdrücken würden, aber die geistige Person befahl ihm, geradeaus weiterzugehen und keine Angst zu haben.

Als ihn das geistige Wesen wieder aus dem Loch hinaus in das Sonnenlicht führte, klapperte es mit einer grossen roten Rassel und wiederholte viermal ein eigenartiges Lied. «Schau dort!» zeigte es, und Plenty Coups sah Tausende von Bisons, die aus dem Loch in der Erde herauskamen und sich schwarz über die Ebenen ergossen. Dann schienen sie plötzlich zu verschwinden. Nun kamen aus dem gleichen Loch grosse Herden von gefleckten Tieren mit Hörnern; später verstand Plenty Coups, dass es sich um Vieh von Weissen Männern handelte. Diese Tiere brüllten und schnaubten, aber anders als die Bisons, so dass er durch ihr Aussehen und ihre Geräusche erschreckt wurde. Nach kurzer Zeit verschwanden auch sie wieder in dem grossen Erdloch.

«Verstehst Du, was ich Dir gezeigt habe, Plenty Coups?» fragte die geistige Person, aber der Junge musste dies verneinen.

Dann führte das geistige Wesen Plenty Coups durch das Erdloch zurück an einen Platz, der heute in der Reservation der Crow-Indianer in Montana liegt, und zeigte ihm einen alten Mann, der kraftlos und alleine im Schatten sass.

«Dieser Mann bist Du selbst, Plenty Coups», sagte das geistige Wesen, das kurz darauf gemeinsam mit dem alten Mann verschwand.

Nun erblickte Plenty Coups einen dunklen Wald, dem sich ein schwarzer Sturm näherte. Die vier Winde peitschten den Wald mit grossem Tosen, und der Junge fühlte Mitleid für alle Lebewesen dort. Die Winde rissen alle Bäume nieder, einen ausgenommen, der hoch und aufrecht stehenblieb. «Was hat das zu bedeuten?» flüsterte der Junge.

«Hör zu, Plenty Coups», sagte die Stimme eines Geistes, «an jenem Baum befindet sich die Wohnung der Meise. In ihrer Gattung ist sie am schwächsten an Stärke, aber am stärksten an Geist. Sie ist ein guter Zuhörer. Ihren Ohren, die sich durch ständigen Gebrauch geschärft haben, entgeht nichts. Wenn immer andere von ihren Erfolgen oder Fehlschlägen sprechen, können wir die Meise vorfinden, die auf ihre Worte achtgibt. Aber auch beim Zuhören geht sie ihrer eigenen Beschäftigung nach. Niemals mischt sie sich ein, niemals spricht sie in merkwürdiger Gesellschaft und verpasst doch niemals eine Gelegenheit, um von anderen zu lernen. Sie hat Erfolg und vermeidet Fehlschläge, indem sie lernt, wie andere Erfolg oder Fehlschläge hatten und hat dabei selbst keine grossen Probleme. Es gibt kaum eine Hütte, die sie nicht besucht, kaum jemanden, den sie nicht kennt; dennoch mag jeder sie, weil sie auf ihre eigene Beschäftigung achtet oder dies zumindest vorgibt.

Die Wohnungen zahlloser Vögel befanden sich in jenem Wald, als die vier Winde ihn angriffen. Nur eine einzige ist unbeschädigt geblieben, die Wohnung der Meise. Entwickle Deinen Körper, aber vernachlässige Deinen Geist nicht, Plenty Coups. Es ist der Geist, der den Menschen zur Macht führt, nicht die Stärke des Körpers.»

Danach erwachte Plenty Coups, und seine Freunde halfen ihm zurück zum Lager der Crow-Indianer. Alle Weisen des Stammes versammelten sich in einer grossen Hütte und beriefen Plenty Coups dorthin, damit er ihnen von seiner Vision berichte. Als er seine Geschichte erzählte, konnte er die Aufregung in der Luft verspüren, denn es handelte sich um einen sehr ungewöhnlichen Traum. Schweigend sassen sie eine Weile da und rauchten, dann erhob sich Yellow Bear, der Weiseste, langsam und sprach:

«Es ist ihm gezeigt worden, dass die Bisons während seines Lebens für immer verschwinden und dass an ihrer Stelle die Ochsen, Kühe und Kälber auf die Weiden kommen werden. Ich selbst habe schon diese ‹Gefleckten Bisons› gesehen, die Warenladungen des Weissen Mannes zogen ...

Der Traum von Plenty Coups bedeutet, dass die Weissen dieses Land erobern und behalten und dass ihre ‹gefleckten Bisons› die Weiden bevölkern werden. Es ist ihm geraten worden, für sich selbst zu denken, zuzuhören, zu lernen, um mit Hilfe der Erfahrungen von anderen Unglück zu vermeiden. Er bekam den Rat, seinen Körper zu entwickeln, aber seinen Geist nicht zu vergessen. Die Bedeutung seines Traumes liegt klar vor mir. Ich erkenne seine Warnung. Die Stämme, die gegen die Weissen Männer gekämpft haben, sind alle geschlagen worden. Wenn wir aufhorchen, so wie die Meise dies tut, könnten wir diesem Schicksal entgehen und unsere Länder behalten.

Die vier Winde verkörpern den Weissen Mann und jene, die ihn in seinen Kriegen unterstützen werden. Der Wald mit den Bäumen steht für die Stämme dieser weiten Ebenen. Und der eine Baum, den die vier Winde nach dem schrecklichen Kampf stehenliessen, ist unser eigenes Volk der Absarokee (Crow), der einzige Stamm dieser weiten Ebenen, der niemals Krieg gegen den Weissen Mann geführt hat.

Die Hütte der Meise in jenem stehen gebliebenen Baum entspricht den Hütten dieses Stammes, die in der Sicherheit friedlicher Beziehungen zu den Weissen Männern aufgerichtet sind, die wir, auch wenn wir es wollten, nicht bremsen könnten. Die Meise ist klein – so wie wir im Verhältnis zu vielen unserer weissen und roten Feinde. In der Auswahl eines Platzes, um ihre Hütte zu bauen, war sie jedoch weise. Nach der Schlacht der vier Winde hat sie immer noch ihre Heimat, ihr Land behalten, denn sie hat sich Klugheit dadurch erworben, dass sie auf die Fehler von anderen hörte und wusste, dass es Schutz für sie selbst und ihre Familie gab. Von diesem Tag an wird die Meise die Medizin von Plenty Coups sein. Er wird nicht dazu verpflichtet, einen schweren Medizinbeutel mit sich herum zu tragen, aber seine Medizin wird gleichermassen in Friedens- wie in Kriegszeiten äusserst kraftvoll sein.»

(Aus: W. Willoya und V. Brown, *Im Zeichen des Regenbogens.* Obernhain 1974)

gestickten Arbeitsbeuteln. Es sind Mokassins und andere Kleidungsstücke für die Puppen darin, an denen fleissig gearbeitet wird. Die buntbemalten Lederbehälter sind für Nahrungsmittel und werden von den kleinen Gästen mit allerlei Leckerbissen gefüllt. Vielleicht ist dies für die Grossmutter der angenehmste Teil des Spiels, denn sie wird dabei als Ehrengast aufs Beste bewirtet.

Winona spielt selten mit Knaben, kaum mit den eigenen Brüdern und Vettern, und ist sie erst zwölf oder vierzehn Jahre alt, so spricht sie kaum noch mit ihnen. Bescheidenheit wird ihr von frühester Jugend auf anerzogen. Man hat bei unserem Volke die höchste Achtung vor einem Mädchen, das die Augen niederschlägt, den Kopf senkt, leise und wenig spricht.

(Aus: Charles Eastman, *Winona*. Frankfurt a/M 1977)

Anhang

Kommentiertes Literaturverzeichnis

Die Indianer Nordamerikas gehören zu den meistuntersuchten und -beschriebenen Kulturen, weshalb die Literatur selbst für Fachleute schwer zu überblicken ist. Die folgende Liste stellt deshalb nur eine Auswahl vor allem deutschsprachiger Werke dar, die eine erste Vertiefung in Teilbereiche ermöglichen sollen. Jeder Titel ist mit einem knappen Kommentar versehen, was die Auswahl im Hinblick auf spezielle Zwecke erleichtern soll. Die meisten Bücher sind über den Buchhandel beziehbar oder können z.B. in der öffentlich zugänglichen Bibliothek des Völkerkundemuseums der Universität Zürich eingesehen oder ausgeliehen werden.

Urgeschichte

Fagan, Brian M. (1992): Die ersten Indianer: Das Abenteuer der Besiedlung Amerikas. München (Beck-Verlag)

Fagan, Brian M. (1993): Das frühe Nordamerika: Archäologie eines Kontinents. München (Beck-Verlag)

Snow, Dean (1976): Die ersten Indianer, Archäologische Entdeckungen in Nordamerika. Bergisch Gladbach (Lübbe Verlag)

Drei gut lesbare Sachbücher über die Besiedlung und Entwicklung des urgeschichtlichen Amerika; reich illustriert; ab ca. 14 J.

Allgemeine Völkerkunde Nordamerikas

Capps, Benjamin (1978): Die Indianer. (Time-Life-Bücher)

Capps, Benjamin (1978): Die grossen Häuptlinge. (Time-Life-Bücher)

Beide Bücher sind reich bebildert und bieten viele Detailinformationen mit nützlichen Grafiken und Karten; ab ca. 12 J.

Farb, Peter (1988): Die Indianer, Entwicklung und Vernichtung eines Volkes. Frankfurt a/M und Berlin (Ullstein Sachbuch 34541)

Ein engagierter Überblick zur Ethnographie und Geschichte Nordamerikas; ab ca.14 J.

Josephy, Alvin M. Jr. (1996): 500 Nations. Die illustrierte Geschichte der Indianer Nordamerikas. München (Frederking und Thaler)

Ein reich bebildertes Geschichtsbuch aus der Sicht der Ureinwohner verfasst, für Lehrer/innen und Schüler/innen zu empfehlen; ab ca. 14 J.

Lindig, Wolfgang und *Münzel,* Mark (1985): Band 1: Nordamerika. Aus: Die Indianer. Kulturen und Geschichte, 3. erw. Auflage in 2 Bänden. München (dtv-Taschenbuch 4434)

Ein empfehlenswertes Sachbuch, systematisch gegliederter Inhalt, für Lehrer/innen und Schüler/innen geeignet; ab ca. 14 J.

Sturtevant, William C. (Hrsg.; ab 1978): Handbook of North American Indians. 20 Bände, Washington, D.C. (Smithsonian Institution; bis dato: Nr. 4: History of Indian-White Relations; Nr. 5: Arctic; Nr. 6: Subarctic; Nr. 7: Northwest Coast; Nr. 8: California; Nrn. 9 und 10: Southwest I und II; Nr. 11: Great Basin; Nr. 15: Northeast; Nr. 17: Languages)

Für fachlich sehr interessierte Laien und für Spezialisten ein «Muss».

Thomas, David Hurst und *Thaler,* Monika (Hrsg.; 1994): Die Welt der Indianer: Geschichte, Kunst, Kultur von den Anfängen bis zur Gegenwart. München (Frederking und Thaler)

Eine beeindruckende Übersicht, reich bebildert und mit gut verständlichen Texten, für Lehrer/innen und Schüler/innen geeignet; ab ca. 14 J.

Speziellere Darstellungen über die Prärie- und Plains-Indianer

Döring, Jürgen (1984): Kulturwandel bei den nordamerikanischen Plainsindianern. Zur Rolle des Pferdes bei den Comanchen und den Cheyenne. Berlin (Reimer Verlag)
Eine Fachstudie über die Entstehung der vom Pferde-Nomadismus geprägten Plains-Kultur.

Gerhards, Eva (1980): Blackfoot-Indianer. Innsbruck (Pinguin Verlag)
Ein reich bebilderter und gut lesbarer Überblick über die traditionelle Blackfoot-Kultur; ab ca. 12 J.

Hartmann, Horst (1979): Die Plains- und Prärieindianer Nordamerikas. Berlin (Museum für Völkerkunde)
Eine grundlegende und ausführliche Darstellung der Prärie- und Plains-Kulturen, u.a. über die Mandan und Blackfoot; ab ca. 14 J.

Hassrick, Royal B. (1982): Das Buch der Sioux. Köln (Diederichs Verlag)
Ein gut lesbares Sachbuch über die traditionelle Plains-Kultur der westlichen Dakota-Völker; ab 14 J.

Lindig, Wolfgang (1970): Geheimbünde und Männerbünde der Prärie- und der Waldlandindianer Nordamerikas. Untersucht am Beispiel der Omaha und Irokesen. Wiesbaden (F. Steiner-Verlag)
Ein Fachbuch eines der kompetentesten Amerikanisten deutscher Sprache.

Müller, Werner (1970): Glauben und Denken der Sioux. Zur Gestalt archaischer Weltbilder. Berlin (Reimer Verlag)
Ein anspruchsvolles Fachbuch für speziell Interessierte.

Kunst und Kunsthandwerk

Bolz, Peter und *Peyer*, Bernd (1987): Indianische Kunst Nordamerikas. Köln (DuMont)
Ein aktueller Überblick über das traditionelle und moderne Kunstschaffen der Ureinwohner Nordamerikas; ab ca. 14 J.

Haberland, Wolfgang (1965): Nordamerika – Indianer, Eskimo, Westindien. Reihe: Kunst der Welt. Baden-Baden (Holle Verlag)
Eines der ersten Werke in deutscher Sprache über die traditionelle Kunst und das Kunsthandwerk der Indianer; ab ca. 14 J.

Hoffmann, Gerhard (Hrsg.; 1985): Indianische Kunst im 20. Jahrhundert. Malerei, Keramik und Kachinafiguren indianischer Künstler in den USA. München (Prestel Verlag)
Hoffmann, Gerhard (Hrsg.; 1988): Im Schatten der Sonne. Zeitgenössische Kunst der Indianer und Eskimo in Kanada. Stuttgart (Edition Cantz)
Zwei reich illustrierte Ausstellungskataloge mit vielen lesenswerten Beiträgen über die verschiedenen Aspekte indianischer und Inuit-Kunst; ab ca. 14 J.

Handbücher mit Bastelanleitungen

Haug, Peter (1995): Indianische Perlenarbeiten. Das deutsche Beadwork-Handbuch. Wyk auf Föhr (Verlag für Amerikanistik)
Ostwald, Thomas und Henneberg, Horst (1995): Das grosse Indianerhandbuch. Das deutsche «How-to-do-book». Materialien – Techniken – Werkzeuge – Bezugsquellen. Wyk auf Föhr (Verlag für Amerikanistik)
Zalfen, Margret (1994): Das Tipi der Plainsindianer. Kulturgeschichte – Aktuelle Bedeutung – Bauanleitung. Wyk auf Föhr (Verlag für Amerikanistik)

Photobände

Fleming, Paula Richardson und *Luskey*, Judith (1993; engl. 1986)): Die Nordamerikanischen Indianer in frühen Photographien. München (Beck-Verlag)
Fleming, Paula Richardson und *Luskey*, Judith (1993): Schattenfänger: Die Indianer Nordamerikas in historischen Meisterphotographien. München (Beck-Verlag)
Zwei informative und dokumentarische Photobände; ab ca. 10 J.

Lomosits, Helga und *Harbaugh*, Paul (1991): «Lakol Wokiksuye». Zur Geschichte der Plains von Little Big Horn bis Wounded Knee 1868–1890. Wien (Jugend und Volk)
Ein photographischer Rückblick auf die Zeit des Zusammenbruches der Prärie- und Plains-Kulturen; ab ca. 12 J.

Scherer, Joanna C. und *Walker*, Jean B. (1975): Indianer. Zeitgenössische Photos aus dem Leben der Indianer Nordamerikas 1847–1929. Rüschlikon (Müller Verlag)
Ein weiterer dokumentarischer Photoband; ab 10 J.

Musik, Tanz, Spiel

Culin, Stewart (1975): Games of the North American Indians. New York (Dover Publications)
Ein klassisches Fachbuch mit klaren Anleitungen zum Nachspielen, erstmals publiziert 1907.

Densmore, Frances (1970): The American Indians and their Music. New York (Johnson)
Diese Studie ist eine Zusammenfassung der ausgedehnten Forschungen der Autorin über die Musik nordamerikanischer Indianer, worüber sie mehrere Einzelstudien verfasst hat.

Laubin, Reginald und *Laubin*, Gladys (1977): Indian Dances of North America. Norman (University of Oklahoma Press)
Auch für den Laien bringt dieses Werk eine umfassende Vertiefung des behandelten Themas.

Wickenhäuser, Ruben Philipp (1977): Indianer-Spiele. Spiele der Ureinwohner Amerikas für Kids von heute. Mühlheim an der Ruhr (Verlag an der Ruhr)
Ein seriös recherchiertes Handbuch mit 130 verschiedenen Spielen; mit praktischen und hilfreichen Hinweisen über Art und Form des einzelnen Spiels, seine Anforderungen und die notwendigen Materialien sowie Informationen über seinen kulturellen Hintergrund; ab ca. 8 J.

Weltbild und Religion

Alber, Gregor (1992): Gesellschaftliche Stellung und Aufgaben des Medizinmannes bei Prärie- und Plainsindianern Nordamerikas. Wyk auf Föhr (Verlag für Amerikanistik)
Eine gut lesbare Fachstudie, die auch die Themen Visionssuche, Traum, Geheimbünde, Krankheit und Heilmethoden usw. behandelt.

Deloria, Vine Jr. (1996): Gott ist rot. Eine indianische Provokation. Göttingen (Lamuv Verlag)
Wer an indianischer Spiritualität und Religion interessiert und auch bereit ist, sein Christentum aus indianischer Sicht kritisch zu befragen, der greife zu diesem Buch des bekannten indianischen Autors; ab ca. 14 J.

Eastman, Charles A. (1976): Ohijesa. Jugenderinnerungen eines Sioux-Indianers. Frankfurt a/M (Insel Verlag)
Eastman, Charles A. (1977): Winona. Indianergeschichten aus alter Zeit. Frankfurt a/M (Insel Verlag)
Der Santee-Dakota Eastman (1858–1939) berichtet in seiner Jugendbiographie und in «Winona» in anschaulicher Art über das Leben seines Volkes; ab 10 J.

Erdoes, Richard und *Ortiz*, Alfonso (1984; Hrsg.): American Indian Myths and Legends. New York (Pantheon Books)
Eine umfangreiche Sammlung von Mythen und Erzählungen aus ganz Nordamerika mit genauen Quellenangaben, Register und weiterführender Bibliographie.

Black Elk (Schwarzer Hirsch) (1974): Ich rufe mein Volk. Leben, Visionen und Vermächtnis des letzten grossen Sehers der Oglala-Sioux. Olten (Walter Verlag)
Black Elk (1984): Die Heilige Pfeife. Das indianische Weisheitsbuch der sieben geheimen Riten. Göttingen (Lamuv Verlag)
Biographie und Einführung in die spirituell-religiöse Welt von Black Elk (1863-1950). Die «Heilige Pfeife» ist zu einer Art Bibel der Prärie- und Plains-Indianer geworden; ab ca. 14 J.

Gerber, Peter R. (1988): Der Indianer – eine homo oekologikus? In: F. Stolz (Hrsg.) Religiöse Wahrnehmung der Welt, S. 221–244. Zürich (Theologischer Verlag)
In diesem Artikel wird das Klischee des umweltschonenden Indianers kritisch diskutiert und speziell die Entstehungsgeschichte der angeblich von Chief Seattle gehaltenen Rede skizziert, die in der heute publizierten Version ein Produkt weisser Autoren ist; ab ca. 14 J.

Johnston, Basil (1979): Und Manitou erschuf die Welt. Mythen und Visionen der Ojibwa. Düsseldorf (Diederichs Verlag)
Johnston, Basil (1987): Grosser Weisser Falke. Der Lebenskreis eines Ojibwa. Köln (Diederichs Verlag)
Johnston, Historiker und Ethnologe, ist ein einfühlsamer Kenner seines eigenen Volkes; ab ca. 12 J.

Kaiser, Thomas (Hrsg.; 1993): Coyote geht um. Indianische Schelmengeschichten um den Steppenwolf. Berlin (Verlag Clemes Zerling)
Eine Sammlung von Geschichten über die Trickster-Figur der Prärie- und Plains-Indianer, mit Nachwort und Bibliographie; ab ca. 12 J.

Konitzky, Gustav A. (Hrsg.; 1963): Nordamerikanische Indianermärchen. Düsseldorf (Diederichs Verlag)
Eine Zusammenstellung von 60 Märchen bzw. Legenden und Mythen von 43 indianischen Gemeinschaften, mit Nachwort und Bibliographie; ab ca. 10 J.

Lame Deer (John Fire) und *Erdoes,* Richard (1990): Tahca Ushte. Medizinmann der Sioux. Göttingen (Lamuv TB 86)
In dieser Lebensgeschichte – erstmals 1972 publiziert – erscheint Lame Deer in seiner Auseinandersetzung mit der indianischen und der weissen Kultur als eindrückliche Persönlichkeit; ab ca. 14 J.

Lopez, Barry H. (1996): Der listige Coyote. Was sich Indianer am Lagerfeuer erzählen. Göttingen (Lamuv Verlag)
Eine umfangreiche Sammlung von Geschichten über die Trickster-Figur der Prärie- und Plains-Indianer – «den grossen Zauberer, listigen Krieger und heiligen Clown Coyote», mit Bibliographie; ab ca. 12 J.

Müller, Werner (1972): Geliebte Erde. Naturfrömmigkeit und Naturhass im indianischen und europäischen Amerika. Bonn (Bouvier Verlag)
Müller, Werner (1991): Indianische Welterfahrung. Stuttgart (Klett-Cotta Verlag)
Der Autor ist ein anerkannter Kenner indianischer Religionen und stellt in diesen beiden Broschüren einen engagierten, aber nicht immer leicht lesbaren Vergleich zwischen dem Weltbild der Indianer und dem des «weissen Mannes» an; ab ca. 14 J.

Schlesier, Karl H. (1985): Die Wölfe des Himmels. Welterfahrung der Cheyenne. Köln (Diederichs Verlag)
Eine nicht leicht lesbare, aber faszinierende Beschreibung von Schamanismus, Mythos und Ritual bei den Cheyenne; ab ca. 14 J.

Schroeter, Willy (1992): Calumet. Der heilige Rauch – Pfeifen und Pfeifenkulte bei den nordamerikanischen Indianern. Wyk auf Föhr (Verlag für Amerikanistik)
Ein Überblick über einen wichtigen Aspekt indianischer Religion; ab ca. 12 J.

Schroeter, Willy (1994): Religion und Mythologie der Pawnee. Wyk auf Föhr (Verlag für Amerikanistik)
Eine kurze Einführung in die Religion eines Prärie-Volkes; ab ca. 14 J.

Stein, Gerd (Hrsg.; 1984): Ethnoliterarische Lesebücher. Band 1: Die edlen Wilden; Band 2: Exoten durchschauen Europa; Band 3: Europamüdigkeit und Verwilderungswünsche. Frankfurt a/M (Fischer TB 3071, 3072, 3073)
Eine Materialsammlung zur Mythologisierung und Mystifizierung des Indianers und anderer «edler Wilden»; ab ca. 12 J.

Geschichte und Gegenwart

Biegert, Claus (1976): Seit 200 Jahren ohne Verfassung: Indianer im Widerstand. Reinbek bei Hamburg (rororo-aktuell 4056)

Eine engagierte Dokumentation mit vielen Fakten zur Lebenssituation der US-Indianer; ab ca. 14 J.

Bolz, Peter (1986): Ethnische Identität und kultureller Widerstand. Die Oglala-Sioux der Pine Ridge-Reservation in South Dakota. Frankfurt a/M (Campus Verlag)

Eine kompetente Fachstudie über das bekannte Plains-Volk, von der Geschichte bis zur Gegenwart.

Brown, Dee (1992): Begrabt mein Herz an der Biegung des Flusses. München (Knaur-Taschenbuch 351)

Eine Schilderung der letzten Indianer-Kriege in der zweiten Hälfte des 19. Jahrhunderts; ab ca. 10 J.

Council of Interracial Books for Children (Hrsg.; 1994): Die Wunden der Freiheit. Der Kampf der Indianer Nordamerikas gegen die weisse Eroberung und Unterdrückung. Selbstzeugnisse, Dokumente, Kommentare. Aktualisiert von Claus Biegert. Göttingen (Lamuv Taschenbuch 155)

Gehört in jede «Indianer-Bibliothek»; ab ca. 12 J.

Crow Dog, Mary und *Erdoes,* Richard (1992): Lakota Woman. Die Geschichte einer Sioux-Frau. Leipzig (Kiepenheuer)

Crow Dog, Mary und *Erdoes,* Richard (1994): Ohitika Woman. Leipzig (Kiepenheuer)

Eine eindrückliche Autobiographie einer Lakota aus der Rosebud-Reservation in Süd-Dakota, in zwei Bänden: im 1. steht die Zeit vor und nach der Besetzung von Wounded Knee 1973 im Vordergrund, im 2. die Zeit ab 1977 bis 1991; ab 14 J.

Feest, Christian F. (1976): Das rote Amerika. Nordamerikanische Indianer. Wien (Europa Verlag)

Geschichtliches, Völkerkundliches und Gegenwartsfragen werden mit grosser Fachkenntnis und in sachlich engagierter Form dargestellt; ab ca. 14 J.

Gerber, Peter R. (Hrsg.; 1986): Vom Recht, Indianer zu sein. Menschenrechte und Landrechte der Indianer in Nord-, Mittel- und Südamerika. Zürich (Völkerkundemuseum der Universität Zürich)

Speziell erwähnt seien hier die vier Beiträge zu Nordamerika:

Peter R. *Gerber*: «Selbst-Regierung» der Ureinwohner in Kanada?;

Claudia *Notzke*: Landansprüche und wasserrechtliche Konflikte der Peigan in Alberta und Montana;

Bernd *Peyer*: Bürger – mehr oder weniger. Indianer und das Gesetz in den USA;

Peter *Bolz*: Vom eroberten Gebiet zum «Heiligen Land». Der Fall der Black Hills aus ethnologischer Perspektive; ab ca. 14 J.

Gerber, Peter R. (Hrsg.; 1993): 500 Jahre danach. Zur heutigen Lage der indigenen Völker beider Amerika. Chur/Zürich (Völkerkundemuseum der Universität Zürich und Verlag Rüegger)

Betreffend Nordamerika siehe die vier Beiträge:

Sonja *Schierle*: Nordamerikanische Indianer zwischen Anspruch und Wirklichkeit;

Ludger *Müller-Wille*: Geographische Namen und Souveränität – Kulturelle Behauptung der Inuit in Nunavik, Kanada;

Peter R. *Gerber*: Stagnation oder Fortschritt? Die Selbstbestimmung der Indianer Kanadas;

Peter *Bolz*: Der Ritt nach Wounded Knee – Die Lakota hundert Jahre nach dem Massaker; ab ca. 14 J.

Hensel, Gert u.a. (1982): Der Völkermord geht weiter. Indianer vor dem IV. Russell-Tribunal. Reinbek bei Hamburg (rororo-aktuell 4839)

Die Arbeitsgruppe «Indianer» der deutschen Gesellschaft für bedrohte Völker hat die Dokumente des Tribunals in verdienstvoller Weise zusammengestellt und übersetzt; der Titel besagt alles; ab ca. 14 J.

Lindig, Wolfgang (Hrsg.; 1994): Indianische Realität. Nordamerikanische Indianer in der Gegenwart. München (dtv wissenschaft 4614)

Ein Sammelband von 15 Fach-Artikeln zur heutigen Lage der Indianer und Inuit Nordamerikas; ab 14 J.

29 Spielzeugpuppe aus verschiedenen Materialien wie Leder, Baumwollstoff, Filz, Glasperlen, Teton-Lakota, 33 cm; VMZ.

30 Knaben-Gilet aus Leder mit Baumwollfutter, Stachelschweinborsten, Teton-Lakota; VMZ.

31 Schraper, ein Rhythmus-Instrument aus Holz, verbreitet bei den Prärie- und Plains-Indianer, 33 cm; Stab mit Schlangenmotiv, 21,5 cm; VMZ.

32 Flageolett-Flöte, neu, Teton-Lakota; IMZ.

33 Sonnentanz bei den Oglala-Lakota: Bei einigen Plains-Völkern haben in den letzten 30 Jahren traditionsbewusste Indianer in ihrem Kampf um kulturelle Erneuerung und eine positive ethnische Identität den Sonnentanz wieder zum Leben erweckt. Auf dem Dia sieht man 4 Tänzer und 3 Tänzerinnen anlässlich eines Sonnentanzes 1980 auf der Pine Ridge-Reservation. Sie erflehen von Wakan Tanka («Das grosse Geheimnisvolle») Mitleid. Um das Fortbestehen ihres Volkes zu sichern, bringen die Tänzer/innen ein entbehrungsreiches Opfer dar, indem sie vier Tage lang von Sonnenaufgang bis Sonnenuntergang in der prallen Sonne tanzen, ohne dabei Nahrung oder Flüssigkeit zu sich zu nehmen.

34 Ein Höhepunkt dieser Form des Sonnentanzes ist die Selbsttortur des Tänzers, der sich an den Zentralpfosten anbinden lässt, wobei das Ende des Seiles mittels eines Pflockes, der durch die Brusthaut gestossen wird, befestigt ist. Durch das Sichlosreissen erbringt der Tänzer ein weiteres Opfer zugunsten seines Volkes.

35 Tipi-Ring anlässlich der «Internationalen indianischen ökumenischen Konferenz», 1978 in der Stoney-Reservation, Morley, Alberta, Kanada, aufgestellt von den Gastgeber-Gemeinde für Besucher ohne eigene Campingausrüstung.

36 Zeremonial-Tipi anlässlich der ökumenischen Konferenz in Morley: Tipis werden heutzutage nicht mehr aus Bisonhäuten, sondern aus Segeltuch hergestellt. Das Tipi ist auch ein Symbol des Selbstbewusstseins der Indianer.

37 «Älteste» (Elders) bei der Konferenz in Morley. «Elders» geniessen ein wachsendes Ansehen in der neueren Zeit als spirituelle und politische Ratgeber.

38 Die Familie Nepinak im Garten ihres Hauses in Winnipeg, Manitoba, Kanada: v.l.n.r. Barbara, Krystin, Rebecca, Clarence, Pflegetochter Raven, Melissa, Melanie.

39 Kinder in der Internatsschule von Prince Albert, Saskatchewan, Kanada.

40 Powwow in der Ermineskin-Reservation, Alberta, Kanada, im Sommer 1992.

41 Musikgruppe bei einem Powwow in der Sporthalle der University of Winnipeg, Manitoba, Kanada, im Herbst 1994: Um die grosse Trommel sitzt ein beliebige Anzahl (5–9) Trommler, die gleichzeitig Sänger sind. Im gemeinsamen Rhythmus begleiten sie sich selbst mit je einem dick gepolsterten Schläger. Auffallend beim Powwow-Gesang sind die Falsett-Stimmen einzelner Sänger, also eine Art Kopfsingen, wie wir es vom Jodeln her kennen (vgl. Musikbeispiel Nr. 5 auf der Kassette).

42 Ein «Intertribal» für alle Tänzer/innen bei einem Powwow in der Thunderchild-Reservation, Saskatchewan, Kanada, im Sommer 1978. Die Frauen-Kostüme sind teilweise aus dem Kulturbereich der Pueblo-Indianer inspiriert. Die angehefteten Nummern weisen darauf hin, dass der Tänzer oder die Tänzerin an den verschiedenen Tanzwettbewerben teilnimmt.

43 Jugendliche Tänzerin beim Powwow in der Ermineskin-Reservation, Alberta, Kanada, im Sommer 1992.

44 Tänzer mit elaboriertem Tanz-Kostüm im neo-traditionellen Stil, beim Powwow in der Ermineskin-Reservation, Alberta, Kanada, im Sommer 1992.

45 Das Ehepaar Paul und Lydia Parenteau von der Wabigoon Lake Gemeinde erntet den Wildreis

nach traditioneller Art im Kanu mit zwei Schlegeln. Diese Erntemethode ist die schonungsvollste und garantiert Nachhaltigkeit, d.h. es fallen genügend Körner ins Wasser als natürliche Aussaat für das nächste Jahr.

46 Mary Rose Pitchenese bei der Kontrolle des Röstvorgangens in der Genossenschaft Kagiwiosa Manomin in der Wabigoon Lake-Reservation, Ontario, Kanada.

47 Dieses Schild steht an der Grenze der Reservation, die offiziell Fort Alexander genannt wird. Die Gemeinde, 100 km nördlich von Winnipeg, Manitoba, hat vor einigen Jahren diese Fremdbezeichnung ersetzt und nennt sich nun Sagkeeng First Nation. Mit dem Saulteaux-Ojibwa-Begriff «Sagkeeng» wird an einen «Versammlungsort» aus früherer Zeit erinnert.

48 Abgelegenes Haus einer Familie der Plains-Cree auf der Poundmaker-Reservation, Saskatchewan, Kanada. Auf dem Dia von 1978 sieht man den 1980 verstorbenen «Elder» (ein «Ältester») Ernest Tootoosis, der ein Biberfell präpariert. Das Haus hatte damals zwar Elektrizität und fliessendes Wasser, aber noch keine Wassertoilette. Das Umfeld ums Haus diente als Lager- und Abfallplatz. Ein Abfuhrwesen existierte in der Reservation nicht.

Abkürzungen:

KB Karl Bodmer, 1809–1893, begleitete als dokumentierender Maler die Expedition von Maximilian Prinz zu Wied nach Nordamerika in den Jahren 1832–34.

IMZ Indianermuseum der Stadt Zürich

VMZ Völkerkundemuseum der Universität Zürich

Dias und Repros:

Peter Bolz, Museum für Völkerkunde, Berlin: 33, 34

Peter R. Gerber, Völkerkundemuseum der Universität Zürich: 1–4, 7, 13, 35–44, 47, 48

Julia Hintermüller, Völkerkundemuseum der Universität Zürich: 19, 20, 23, 25, 26, 28-31

Peter Nebel, Völkerkundemuseum der Universität Zürich: 5, 6, 8–12, 14–18, 21, 22, 24, 27, 32

Susanne Wegmann, Olten: 45, 46

Das Thema «Indianer» in Schweizer Museen

Bern

Bernisches Historisches Museum

(Abteilung Völkerkunde)
Helvetiaplatz 5, 3000 Bern 6
Tel. 031/351 18 11
Fax 031/351 06 63

Öffnungszeiten
Di–So 10–17 Uhr, Montag geschlossen

Eintritt: Fr. 5.–; Kinder bis 16 J. gratis

Ausstellungen
Keine permanente (Indianer-)Ausstellung

Museumspädagogischer Dienst
Kontaktperson: Lisbeth Schmitz

Spezialangebot
Veranstaltungen für Schulklassen im Kursraum mit Objekten aus der Nordamerika-Sammlung nach Vereinbarung.
Kosten: Fr. 70.– pro Schulklasse

Burgdorf

Museum für Völkerkunde

Kirchbühl 11, Postfach, 3402 Burgdorf
Tel. 034/422 53 58 (Museum) oder
034/422 70 35 (Walter Staub, Konservator des Museums)
Fax 034/423 46 36

Öffnungszeiten
Mi–Sa 14–17 Uhr, So 11–17 Uhr
Montag und Dienstag geschlossen

Eintritt: nach Ermessen

Ausstellungen
In der permanenten Ausstellung sind ein paar wenige, attraktive Objekte der Prärie- und Plains-Indianer zu sehen.

Museumspädagogischer Dienst
Kontaktperson: Walter Staub

Führungen auf Anfrage
Kosten: nach Vereinbarung

Spezialangebot
Ausleihbarer Museumskoffer («Taschenmuseum Nordamerika») mit fünf Regionen: Arktis (Inuit), Nordwestküste (Kwakiutl), nordöstliches Waldland (Irokesen), Plains (Lakota), Südwesten (Hopi).
Ausleihkosten: Fr. 80.–

St. Gallen

Sammlung für Völkerkunde

Museumstrasse 50, 9000 St. Gallen
Tel. 071/244 88 02
Fax 071/244 73 81

Öffnungszeiten
Di–Sa 10–12 und 14–17 Uhr, So 10–17 Uhr
Montag geschlossen

Eintritt: Kinder bis 16 J.: Fr. 2.–; Erwachsene: Fr. 6.–; Schulklassen der Kantone SG und AR gratis, aus andern Kantonen Fr. 2.– pro Kind

Ausstellungen
In der permanenten Ausstellung gibt es einen Indianer- und Inuit-Saal mit fünf Regionen: Prärie- und Plains-Indianer, Waldland-Indianer, Nordwestküsten-Indianer, Südwest-Indianer, Inuit.

Museumspädagogischer Dienst
Kontaktpersonen: Roland Steffan, Konservator
Victor Manser, Museumspädagoge

Führungen: auf Anfrage
Kosten: Schulklassen gratis

Spezialangebot
Zwei Wegleitungen zu «Die Indianervölker Nordamerikas» und «Inuit – Menschen unter extremen Lebensbedingungen» (von Roland Steffan); dazu können bei der Kantonalen Medienzentrale des Kantons St. Gallen in Rorschach (Tel. 071/855 75 43; Fax 071/855 75 12) zwei Diaserien ausgeliehen werden, Nr. 11–2109 (Indianer) und Nr. 11–2110 (Inuit).

Zürich

Indianermuseum der Stadt Zürich

Feldstrasse 89, 8004 Zürich
Tel./Fax 01/241 00 50

Öffnungszeiten
Mi, Fr und Sa 14–17 Uhr, Do 17–20 (mit einer öffentlichen Führung um 18 Uhr)
So 10–13 Uhr
Montag und Dienstag geschlossen

Eintritt: Kinder bis 16 J.: Fr. 2.50 (Gruppe:Fr. 2.–/Kind)
Erwachsene: Fr. 5.– (Gruppe: Fr. 4.–/Person)

Ausstellungen
Wechselausstellungen entweder zu aktuellen Themen oder mit repräsentativen Teilen der Sammlung.

Museumspädagogischer Dienst
Kontaktperson: Denise Daenzer, Museumsleiterin
Tina Wodiunig, Museumspädagogin
Kontaktzeiten: Di–Do 14–17 Uhr

Kosten: Führungen für Schulklassen der Stadt Zürich gratis (Eintritt gratis)
übrige Klassen: Fr. 70.– (plus Eintritt)

Spezialangebot
Dreistündiger Workshop mit Museumskoffer («Taschenmuseum Nordamerika») mit fünf Regionen: Arktis (Inuit), Nordwestküste (Kwakiutl), nordöstliches Waldland (Irokesen), Plains (Lakota), Südwesten (Hopi).

Kosten: Fr. 150.– pro Schulklasse (Fr. 100.– für Workshop, der vom Kanton oder von der Stadt Zürich subventioniert wird)

Museumsladen
Grosse Auswahl an Fach-, Kunst- und Kinderbüchern sowie indianische Musik und indianisches Kunsthandwerk.

Völkerkundemuseum der Universität Zürich

Pelikanstrasse 40, 8001 Zürich
Tel. 01/634 90 11
Fax 01/634 90 50

Öffnungszeiten
Di–Fr 10–13 und 14–17 Uhr, Sa 14–17 Uhr,
So 11–17 Uhr, Montag geschlossen

Eintritt: frei

Ausstellungen
Keine permanente (Indianer-)Ausstellung.

Museumspädagogischer Dienst
Kontaktperson: Dr. Peter R. Gerber, für fachliche Beratungen

Spezialangebot
Ausleihbare Museumskisten zum Thema Prärie- und Plains-Indianer, Nordwestküsten-Indianer und Waldland-Indianer (Ausleihe über Museumsporte, Tel. 01/634 90 11).

Kosten: Fr. 20.– (plus Fr. 50.– Depotgebühr)

Öffentliche Bibliothek
Grosse Auswahl an Fach- und Sachbüchern (mehrheitlich in Englisch), speziell über kanadische Indianer und ihre Gegenwartssituation.

Öffnungszeiten
Mo 14–16 Uhr, Di 10–13 und 15–17 Uhr,
Mi 14–18 Uhr, Do 10–16 Uhr
Fr 10–12 und 14–16 Uhr
Tel. 01/634 90 31/32

Bildnachweis von Fotos und Bilder-Repros:

Indianermuseum der Stadt Zürich, Bilder von Karl Bodmer: 17, 19, 20, 21, 22, 23, 26, 27
(alle Repros von Peter Nebel, Völkerkundemuseum)
Thomas Accola, Bern: 36
Peter Bolz, Museum für Völkerkunde, Berlin: 28
Othmar Eigenmann, Otelfingen: 109, 110, 111, 114, 116,
Erich Frei, Völkerkundemuseum der Universität Zürich: 96
Peter R. Gerber, Völkerkundemuseum der Universität Zürich: 30, 32, 35, 37, 38, 90, 91, 92, 93, 94, 97, 98, Umschlagbild hinten
Heinz Lippuner, Grüt: 41
Peter Nebel, Völkerkundemuseum der Universität Zürich: 25
Raphael Volery, Zürich: Umschlagbild vorne, 10, 12, 14, 34, 53, 60, 61, 62, 63, 64, 72, 73, 74, 75, 75, 76, 77, 109, 117, 120, 121, 132, 133
Susanne Wegmann, Olten: 95
Beatrice Weyrich, Binz: 43

In gleicher Ausstattung zur Differenzierung und Vertiefung des Themas

Aus dem Inhalt

Einführung

- Differenzierung an Stelle von Vorurteilen
- Gegenwartssituation – ein zentrales Anliegen

Kultur und Gesellschaft

- Lebensraum
- Lebensunterhalt
- Die soziale Ordnung
- Der Potlatch
- Religion

Geschichte und Gegenwartssituation

- Von der Urgeschichte bis zur Unterdrückung
- Die Ersten Nationen

Vorschläge für den Unterricht

- Vorbemerkungen
- Lebensgrundlagen
  - Lachs und Fischfang
  - Holz und Holzbearbeitung
  - Wohnen im Holzhaus
- Gegenwartssituation
  - Ein bedrohter Lebensraum
- Mythos und Kunst
  - Indianische Mythen und Erzählungen
  - Totempfähle
  - Masken
  - Kunst der Nordwestküste: Traditioneller Stil
  - Kunst der Nordwestküste: Zeitgenössische Künstlerinnen und Künstler
  - Musik

Anhang

- Kommentiertes Literaturverzeichnis
- Kommentar zur ausleihbaren Diaserie

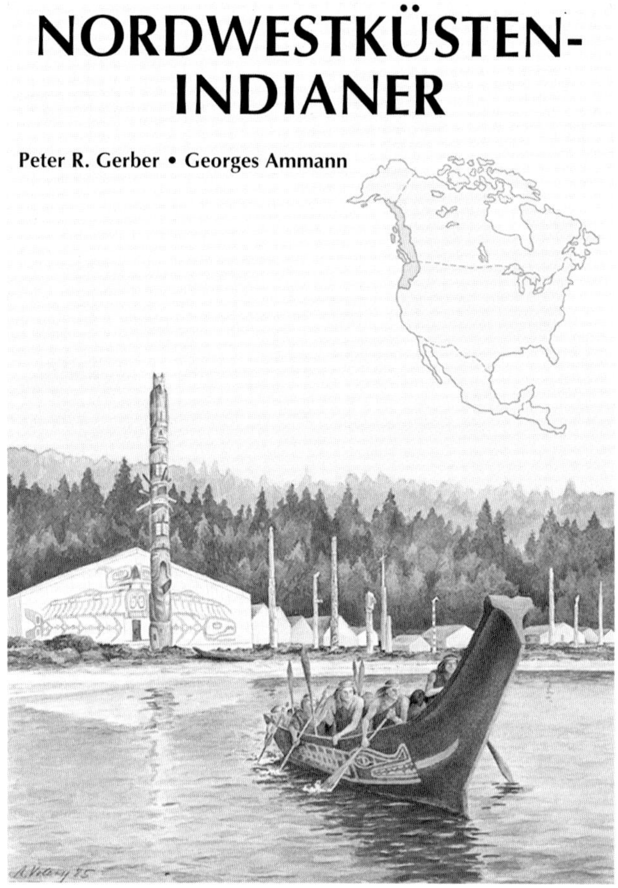

Peter R. Gerber, Georges Ammann:
Nordwestküsten-Indianer
Zur Kultur, Geschichte und Gegenwartssituation
Materialien und Vorschläge für den Unterricht
Karten, Tab. und Abb., zahlreiche kopierbare Arbeitsblätter und Lesetexte. 144 S., Fr. 28.–

Bezug:
Pestalozzianum Verlag, Beckenhofstr. 33,
8035 Zürich Tel. 01/368 45 45 Fax 01/368 45 96